生态之睛　　怜爱之心

Please observe the nature with your eyes ecologically, hold the creatures in your heart dearly!

基础生态学野外实习指导图册

周长发 李 鹏 戴建华 屈彦福 蒋鹤春 著

科学出版社

北京

内 容 简 介

生态学主要研究自然状态下生物与环境之间的相互关系，其研究基本都是在野外或模拟野外环境下开展的，因而野外实习是生态学教学和学习的重要一环。然而由于生物的多样性、自然的复杂性、环境的多变性，生态学野外观察、实验和研究往往面临诸多困难。本书作者通过长期积累和艰苦努力，结合多年野外实习心得和教学实践，精心编成此书。它用生动的图片和简洁的语言对生态学野外观察和实习常用方法、项目和生物学外实习要点。文中所有图片都为作者拍摄和绘制而得，是目前国内唯一一本用彩色图片介绍和展示生态学野外实习方法和主要实验项目的书籍。

全书图片精美、语言浅显、内容广泛、例证典型。它适合作为本科生、研究生生态学野外实习和研究的指导教材，也可作为中小学生课外活动和野外实践的指导书，还是所有对生态有兴趣之人士开展环境保护、生物爱护、绿色生活的参考书。

图书在版编目（CIP）数据

基础生态学野外实习指导图册/周长发等著. —北京：科学出版社，2017.3
ISBN 978-7-03-052094-4

Ⅰ. ①基… Ⅱ. ①周… Ⅲ. ①生态学-教育实习-高等学校-教学参考资料 Ⅳ. ①Q14-45

中国版本图书馆CIP数据核字（2017）第047578号

责任编辑：刘 畅 / 责任校对：李 影
责任印制：张 伟 / 封面设计：铭轩堂

科学出版社 出版
北京东黄城根北街 16 号
邮政编码：100717
http://www.sciencep.com

北京建宏印刷有限公司 印刷
科学出版社发行 各地新华书店经销

*

2017年3月第 一 版　开本：787×1092　1/32
2022年9月第三次印刷　印张：7 1/2
字数：138 000
定价：49.00元
（如有印装质量问题，我社负责调换）

本书的编写和出版得到国家自然科学基金项目（31172124和31472023）以及"江苏高校优势学科建设工程资助项目"、"江苏高校品牌专业建设工程一期项目"和"国家科技基础条件平台工作重点项目（2005DKA21402）"的共同资助！

本书中使用的部分标本数据来自于国家动物数字博物馆数据库。

序

夫天下读书之人，常以会意于圣贤而自得；四海饱学之士，多以从合于自然而欣乐。历史之进退、宇宙之演变了然于心，生物之演化、生态之适应暗藏于胸。因而常能大开大合，融天地于心中；会高来高去，拒小节于身外。生态乃修身必备之学也！

生态又是人类自救、永续发展必要之学也！万物相互依存、自然合为一体，植物化生于土，蚁蛴吸食于草，燕雀捕啄于虫，鹰隼搏击于鸟。故一物不足，多物受饥；一种不存，多种绝迹矣！然人众地薄之国，民仍取食于自然；见贫识少之乡，人还渔猎于生物。加之污染频发、毒物日增，当今生物之劫难、环境之异变旷世未见也，而人类所遭遇之天灾、得受之奇祸也日益频仍矣！而人如想与自然和谐共处，惟有提高生态之识、精进环境之术也！

惜当下吾国生物之学常重视微观之空文、多忽略生态之实用。我本不才，常借以生态之理观察自然；吾也苦读，偶想用宏观之学启发来者。故借考察华夏之机、游历欧美之时，以生态之睛观察自然，用实地之见对应理论，处处逐影、地地摄像，聚沙成丘、集腋成裘，汇成此辑。读者如能将其与理论之书相互对照，则生物宏观之论、环境生态之理、自然变化之事也可略知其根本矣！

我国国土辽阔、生境多样、山川秀美、物种丰富，实乃研习生态理想之地。愿此书能为吾国生态学研究及教育尽点滴之力，能否？可乎？

周长发
zhouchangfa@njnu.edu.cn
2016年12月
南京师范大学生命科学学院

致　谢

在本书的写作过程中，南京师范大学的很多老师尤其是赵志鲲、杨光、戴传超、程罗根、杨州等教授给了我很多鼓励和支持，我将最诚挚的敬意和谢意献给他们！

云南大学生命科学学院的陆树刚教授、东北师范大学生命科学学院的邢福教授、南京农业大学植物保护学院的孙长海、王备新教授等曾就生态学研究、野外实习和生物保护等问题进行过有益的讨论和教导！

南京师范大学生命科学学院的李建宏、张光富、陆长梅、沙莎等老师，南京农业大学生命科学学院的胡金良、李新华老师等在植物分类和识别上给予了很多的指导和帮助，也就野外实习等进行过深入交流！

在南京师范大学蜉蝣研究组就读和工作过的李丹、王艳霞、周丹、韩轶轲、孙俊芝、罗娟艳、胡泽、张伟、马振兴等在照片拍摄、文字录入和校对方面给予了一定的协助。

教学过程中有许多同学就基础生态学和环境生态学的相关问题与我进行过讨论。他们上课时的认真态度、钻研精神和专注眼神给了我很多激励!

由于水平十分有限,在写作过程中,虽极其尽力小心,相信书中错误及不足之处仍有不少,欢迎读者及同行批评指正!

周长发

2016年12月

目 录

序

致谢

第一章 生态学野外实习准备 ·······················1

1.1 野外实习的意义 ······························1

1.2 野外实习注意事项 ····························2

1.3 生态学野外实习常用工具 ······················3

    1.3.1 野外常用工具 ··························3

    1.3.2 野外常用实验仪器 ······················5

    1.3.3 常用药品 ······························5

    1.3.4 常用书籍 ······························5

第二章 光因子及其生态作用观察和实验 ··············6

2.1 光质 ·······································9

2.2 光强 ······································12

2.3 光周期 ····································14

2.4 指导性野外观察项目 ························17

2.4.1 林外与林内光线强度差异的感觉和观察·········17

2.4.2 林内不同植物种类和形态的观察·········17

2.4.3 阳生植物（叶）与阴生植物（叶）的形态差异观察·········18

2.4.4 不同植物形态和开花情况的观察·········19

2.4.5 昼行性和夜行性动物的观察·········20

2.5 野外实验·········20

2.5.1 不同生境太阳辐射强度的测定·········20

2.5.2 不同光照条件下植物开花情况的比较·········21

2.5.3 不同颜色诱虫板或诱虫盘诱虫情况对比实验·········23

2.5.4 诱虫灯诱虫情况观察和对比·········25

2.5.5 土壤动物的避光性观察和实验·········26

第三章 温度及其生态作用·········28

3.1 温度及其变化·········28

3.2 温度的作用·········30

3.3 生物对温度的适应·········32

3.4 温度的周期性变化·········34

3.5 指导性野外观察项目 ·················35
3.5.1 林内与林外温度差异感觉和测量 ·············35
3.5.2 温度易变性的感觉和测量 ················36
3.5.3 内温动物和外温动物体温的测量 ············36
3.5.4 水生动物体温的感觉和测量 ···············36
3.5.5 不同海拔地区温度的感觉和测量 ············36

3.6 野外实验 ·······················37
3.6.1 林地内外不同生境温度的测定 ··············37
3.6.2 室内外不同生境温度的测定 ···············38
3.6.3 温度对土壤动物的影响 ··················39
3.6.4 生物对温度变化的反应 ··················40
3.6.5 不同温度条件下生物质腐败情况对比实验 ·····42

第四章 水及其生态作用 ···················43
4.1 水的形态变化 ·····················43
4.2 水的生态作用 ·····················45
4.3 生物对水因子的适应 ·················47
4.4 指导性野外观察项目 ·················51
4.4.1 水的不同形态观察 ····················51

  4.4.2 气温与水温的差异感觉和测量……51

  4.4.3 水生植物的观察……52

  4.4.4 旱生和中生植物的观察……52

  4.4.5 水生动物的观察……52

 4.5 野外实验……52

  4.5.1 不同水体溶解氧的测定……52

  4.5.2 植物蒸腾作用比较观察……53

  4.5.3 不同植物干重的称量比较……55

  4.5.4 不同植物根系的比较观察……56

  4.5.5 鱼的游泳能力和行为观察……57

第五章 土壤及其生态作用……58

 5.1 土壤分层……58

 5.2 土壤的形成……60

 5.3 土壤的生态作用……61

 5.4 野外指导性观察项目……63

 5.5 野外实验……64

  5.5.1 不同生境和土壤深度温度的测定……64

  5.5.2 不同土壤剖面的观察对比……66

  5.5.3 植被防止水土流失对比实验……67

5.5.4　植物菌根的观察 ·········· 69

　　5.5.5　土壤动物的采集和初步分类 ·········· 70

第六章　种群的特征和增长 ·········· 72

6.1　种群的特征 ·········· 72

　　6.1.1　种群中的生物个体 ·········· 72

　　6.1.2　种群的空间特征 ·········· 75

　　6.1.3　种群的数量特征 ·········· 76

6.2　种群增长 ·········· 76

6.3　种群的生活史对策 ·········· 78

6.4　指导性野外观察项目 ·········· 81

6.5　野外实验 ·········· 83

　　6.5.1　生物种群大小直接计数及估算 ·········· 83

　　6.5.2　样方法估算草地植物种群的大小 ·········· 84

　　6.5.3　标记重捕法估算生物种群大小 ·········· 85

　　6.5.4　生物空间分布型的调查 ·········· 88

　　6.5.5　年龄结构调查和生命表的编制 ·········· 91

第七章　种内和种间关系 ·········· 95

7.1　种内关系 ·········· 95

7.2　种间关系 ·········· 98

| 7.3 | 适应 | 105 |

| 7.4 | 指导性野外观察项目 | 109 |

| 7.5 | 野外实验 | 111 |

  7.5.1 种间关系调查实验 111

  7.5.2 种内和种间竞争关系的调查 112

  7.5.3 寄生现象的观察和比较 115

  7.5.4 花与传粉动物共生关系的调查和观察 116

  7.5.5 捕食作用观察实验 117

第八章 群落特征及其动态 120

8.1 群落结构 120

  8.1.1 群落分层现象 121

  8.1.2 群落的水平结构 122

  8.1.3 边缘效应 122

8.2 群落中生物的生态位 123

8.3 群落演替 125

8.4 指导性野外观察项目 128

8.5 野外实验 129

  8.5.1 动物多样性调查 129

  8.5.2 草地植物生活型谱调查 131

- 8.5.3 森林地表以上空间结构调查 ········· 132
- 8.5.4 不同生物生态位调查 ············· 133
- 8.5.5 群落演替过程和顶极群落调查 ······· 136

第九章 生态系统组成及功能 ········· 139
- 9.1 生态系统的组成成分 ················ 139
- 9.2 食物链和食物网 ··················· 142
- 9.3 能量流动和物质循环 ················ 143
- 9.4 指导性野外观察项目 ················ 144
- 9.5 野外实验 ······················· 146
  - 9.5.1 黑白瓶法测量水体的生产量 ········· 146
  - 9.5.2 不同草本植物地上部分干重的称量比较 ··· 148
  - 9.5.3 能量传递效率简单测量 ············ 150
  - 9.5.4 生态系统中食物链及食物网关系初探 ··· 152
  - 9.5.5 生态系统中腐败过程和分解者的调查 ··· 155

第十章 人与生物 ····················· 157
- 10.1 人类对自然生态系统的负面影响 ······ 157
- 10.2 人类对自然生态系统的积极改造 ······ 160
- 10.3 人与自然和谐共存 ················· 161

第十一章 生态学野外实习常见动植物一览 ……………162

11.1 生态学野外实习常见植物 ……………162
11.1.1 常见绿化植物 ……………162
11.1.2 常见栽培植物 ……………172
11.1.3 常见野生植物 ……………185

11.2 生态学野外实习常见动物 ……………195
11.2.1 常见土壤动物 ……………195
11.2.2 常见水鸟 ……………199
11.2.3 常见蝴蝶 ……………205
11.2.4 常见大型水生无脊椎动物 ……………215

主要参考文献 ……………220

第一章

生态学野外实习准备

1.1 野外实习的意义

生态学是研究生物与其环境之间相互关系的学科。然而只有在自然状态下,生物的特征与结构、功能与形态、习性与生活、生态与适应等方面才能表现得充分、自然和真实,生物与生物之间的竞争或协作关系、生物

与环境之间的协调对应关系等才能被观察得深入和形象,我们才能更加深入了解生物在自然界中的生存及生活状况,也才能更好地把握和领会生物与环境之间关系

的协同精妙之处。因而可以说，野外实习和观察是生物学尤其是生态学、动物学、植物学教授和学习过程中的必要一环、非经之途。

1.2 野外实习注意事项

师生的安全和健康是野外实习中要注意的头等大事。除了要防范自然灾害事故（如洪水、落石、泥石流等）、交通安全事故外，师生在实习过程中，还要注意如跌倒、坠崖、野兽袭击以及毒蛇噬咬等事故。要尽可能食用和饮用干净、熟制和鲜热的食物和饮水，并要避免蚊虫等的叮咬，也要尽量劳逸结合。

由于野外实习往往是集体活动，为保证集体的安全和任务的完成，一定的纪律约束是必需的，如各项活动的准时、地点的选择、路线的选定、食宿的安排等要服从和配合既定方案等。

由于野外活动需要强健的身体和充沛的体力，野外工作条件往往也不如室内，因此吃苦耐劳、团结互助精神也是必需的。

在野外实习过程中，我们还要注意保护环境、热爱生命，如不乱丢垃圾、不伤害生物、不破坏自然、少采集标本，等等。

第一章 生态学野外实习准备

1.3 生态学野外实习常用工具

1.3.1 野外常用工具

白布、白瓷盘、白塑料盘或盆、标本瓶、标签纸、捕虫网、捕鼠器、采集土壤动物的干漏斗、铲子、秤、尺子、锄头、防晒网、放大镜、固定大小的方木框或取样框（大小不限，可20cm×20cm至100cm×100cm，以100cm×100cm为佳，框的一个边最好用绳等软质材料代替硬质材料，以便于在野外操作）、黑布、黑光灯、黑色塑料布、花盆、计数器、记号笔、剪刀、浇花桶、酒精瓶、卷尺、老鼠夹、老鼠笼、镰刀、马氏网、毛笔、木板、木棍、尼龙绳、尼龙网、镊子、泡沫板、皮尺、气雾杀虫剂、扫网、纱布、筛子、烧杯、绳子、刷子、水盆、水桶、水网、塑料板（可以有多种颜色）、塑料薄膜（可以有多种颜色）、塑料袋、塑料盒、塑料盘、塑料盆、塑料桶、塑料饮料瓶、陶罐、铁铲、铁耙、铁锹、铁丝网、铁质簸箕、铁质脸盆、透明玻璃、透明玻璃瓶、透明无色塑料袋、吸虫器、吸水纸、洗衣粉、铁丝、诱虫胶（可以黄油和机油代替）、展翅板、枝剪、植物标本纸、竹竿、竹篮等。

1.3.2　野外常用实验仪器

显微镜、观鸟镜、天平、照相机（可配备多种镜头）、望远镜、培养皿、便携式溶解氧仪、大气温度计、地表温度计、土壤温度计、光照度计、便携式气象仪、便携式土壤水分/盐分/温度计、流速/水位/温度综合测量仪、高压汞灯（可以有不同亮度的，如50W、100W、250W等）、紫外线诱虫灯、海拔表等。

 ### 1.3.3　常用药品

酒精、中性红染色剂、胡萝卜素着色剂。

 ### 1.3.4　常用书籍

常用动植物分类检索工具书、动植物野外实习指导书、动植物志、生态理论教材等。

第二章

光因子及其生态作用观察和实验

光是一种重要的生态因子。它主要通过3个方面对生物产生影响，即光的品质、光的强度与光照周期。它是地球生态系统最主要的能量来源，对生物具有决定性的影响（图2-1~图2-5）。

图2-1　植物的萌发和生长离不开光示例

A: 绿豆芽在黑暗或弱光的环境中萌发时，根茎伸长较快，有利于它们尽快破土而出得到阳光以合成有机物；但由于无法合成叶绿素而呈黄色；B: 韭菜在弱光下生长时也由于无法合成叶绿素而成为韭黄；C: 同一批玉米幼苗在弱光与正常光线下生长其色泽有明显不同

第二章 光因子及其生态作用观察和实验

图2-2 光对的植物形态塑成也有重要作用示例

A：倒伏的苦荬菜枝头向上生长而呈现出向光性；B：森林中的树木为了争夺阳光，会尽量先长高而不长粗

冬季　　　　　　　　　　　夏季

图2-3 植物的光合作用离不开光

图中爬山虎长出新叶代表光合作用合成新的有机物

图2-4 光对植物的开花和繁殖也有重要作用

A：光照多的红花酢浆草开花早且多，植株长势也好；而背阴处植物弱小且开花少且晚；B：向阳处的二月兰比背阴处光照少的个体开花早且长势也好

图2-5 光对动物也有重要作用示例

A：夜晚的灯光对很多昆虫具有刺激性和吸引力，图中为诱虫灯诱到很多昆虫；B：长期生长在弱光的环境（如洞穴、海底、深水）中的动物（如墨西哥钝口螈）体色浅且眼睛小

2.1 光质

光本质上是一个波段的电磁波,它能被动物和人类所感知。不同波长的光呈现出不同的颜色,人眼可以分辨的主要有红、橙、黄、绿、蓝、靛、紫等七彩颜色,它们具有不同的生态作用(图2-6~图2-10)。

图2-6 白光的组成示例

彩虹让我们可以看到光的七彩颜色

图2-7　光质示例

光线穿透大气层到达地面时会耗损掉很多光能。相对而言，短波段的光耗损和偏折得更多，所以早晚的太阳（A）看上去要比中午时（B）更红一些，天空往往也呈蓝色（B）

图2-8　太阳光特别是其中的红外线可以产生热能，很多动物用以取暖

A：鸬鹚因经常在水中捕食，需要晒干羽毛和温暖身体；B：外温动物如蜥蜴常用太阳光来取暖

图2-9 紫外线的作用示例

A：太阳光中的紫外线有杀菌和促进黑色素生长的作用，可使皮肤更健康美观；B：昆虫对紫外线较敏感，可用它来诱虫（紫外灯下的蜉蝣）

图2-10 动物利用可见光示例

可见光部分是太阳辐射中能量较多的部分，大多数昼行性动物如人和蝴蝶都能利用

2.2 光强

光强即光的强度,也就是光的多少。对不同的生物而言,光过多或过少有时都可能成为限制因子(图2-11~图2-14)。

图2-11　光强作用示例

A:生长在楼房拐角处的紫藤,因接受到的直射阳光光线多少有差异,在开花时间上呈现出明显的差异;B:向阳的杜鹃花要比背阴的开花早且多

图2-12　光强的生态作用示例

A:大树遮挡住了阳光,故树底一般植物很少;B:有些植物(如人参等)适应了林下弱光的环境,在生长时不需要太多的阳光,在人工培植时要注意遮光

图2-13 光线多少对生物色素合成有重要作用

A：泥土内外的萝卜颜色因接受到光线多少不同而呈现不同；B：苹果表面的色泽因受标签的阻隔而接受到不同的光照强度故呈现不同；C：人的肤色因受光照强度不同而有所不同；D：不同的人种因适应不同地区的光照强度而不同

图2-14 植物对光强的适应示例

长期适应过程中,有些植物需要强光才能完成生活史,即阳生植物(如A:蒲公英),有些需要弱光(阴生植物B:人参)

2.3 光周期

由于地球自转和围绕太阳公转的原因,地球表面任一点所接受到的太阳照射强度和时间是呈现周期性变化的。生物在长期的进化过程中,逐渐适应了这种变化,并演化出多种类型(图2-15~图2-19)。

第二章　光因子及其生态作用观察和实验

图2-15　太阳的变化

南京东郊一年中每月下旬中午12时左右太阳的相对位置

图2-16　不同植物开花季节有差异，显示出它们适应了不同的光照时间及其变化

A：腊梅在早春开花；B：油菜在春季开花；C：荷花在夏季开花；D：菊花在秋季开花

15

图2-17 不同动物的繁殖时间也不一致，主要也是受光照时间长短变化的影响

A：野生孔雀在早春开始求偶繁殖；B：有些兽类如松鼠也在春季发情

图2-18 植物季相变化示例

在光质、光强和光照周期的共同作用下，生物一年四季呈现出不同的外貌，如图中紫藤在春天开花（A）、夏季长叶和结果（B）、秋季落叶和播种（C）、冬季休眠（D）

 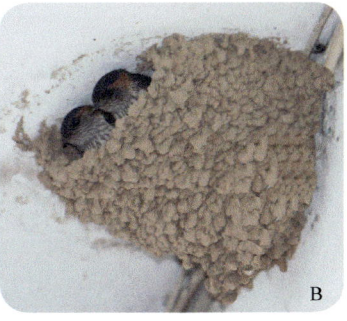

图2-19 动物的季节性变化示例
A：金腰燕在早春迁飞并开始在繁殖地筑巢；B：在春末夏初开始繁殖

2.4 指导性野外观察项目

 ### 2.4.1 林外与林内光线强度差异的感觉和观察

林内因树木遮挡了大量的阳光而呈现出与林外不同的光照强度。在林缘进行比较和感觉，必要时可以用光照度计、温度计等测量林内外的光照与温度变化。

 ### 2.4.2 林内不同植物种类和形态的观察

仔细观察森林的分层现象，如林冠层（如松树、核桃）、灌木层（如槭树）、地表层（草本植物）、附生植物（如猕猴桃、葛藤、山药等）、地面层（苔藓植物）和地下层（天南星科、兰科、百合科植物的地下部分），并区别和了解不同层中的主要植物及其主要特征，选择代表性植物观察其特征、开花情况与阳光的关系等。

2.4.3 阳生植物（叶）与阴生植物（叶）的形态差异观察

选择如海桐、木槿、枫、槭、栎等常见植物的代表性阳生叶与阴生叶（图2-20），观察它们的形态差异及其与光线的关系；选择代表性阳生植物（大多数植物）与阴生植物（如天南星、百合科、兰科或苔藓植物等，图2-14），了解和观察它们之间的形态差异及适应性。

鸡爪槭的阳生叶(左)和阴生叶(右)

海桐的阳生叶(左)和阴生叶(右)　　栎树的阳生叶(左)与阴生叶(右)

图2-20　三种常见植物的阳生叶与阴生叶

2.4.4　不同植物形态和开花情况的观察

选择和观察不同光线条件下同种植物的不同部位（如包菜的菜心和外叶、萝卜的地上根茎与地下根茎、韭菜与韭黄、植物的芽与叶、新出叶与老叶、幼苗与成体）等颜色和形态的不同。

选择和观察不同光线条件下（如背阴处与空旷地上）同种植物（如石楠、酢浆草、紫藤、梅花、火棘、小蜡、珊瑚树、黄杨、檵木等）开花情况的异同；选择典型性的路边植物观察其向光性以及为争夺阳光而展开的竞争及其形态；仔细识别不同植物开花时节，总结出不同植物开花的主要季节及其适应性。

2.4.5　昼行性和夜行性动物的观察

白天和夜晚在房屋内外、窗台、蛛网上仔细观察不同动物的行为特点，如夜行性动物（如蛾、壁虎、盲蛛等）的多少；在早晚观察蝴蝶和鸟类的活动活跃程度。

可用灯光诱捕的办法来捕捉和观察主要的夜行性昆虫；也可用较明亮的手电或类似灯光在夜晚寻找两栖动物和爬行动物。

 ## 2.5　野外实验

 ### 2.5.1　不同生境太阳辐射强度的测定

实验原理

植物群落与其生活的环境之间形成一个统一的整体，从而形成自己的内部环境。群落内部与外部存在着一定的差异，其突出表现在主要生态因子的质与量的变化。通过测定主要生态因子之一（光因子）的变化，可以了解群落与环境之间的密切联系和相互作用。

实验目的

掌握测量光照强度的仪器使用方法；认识不同群落

内部及外部光因子的差异。

实验仪器设备

光照度计

实验方法和步骤

A）选定阔叶林和针叶林两种林地；B）从林地中心向林缘尽量等距离地选取5处地点，并在林外空旷裸地和背阴裸地选取两地点，共7地点；C）在以上7地点距地面1.5m处用光照度计分别测量各点的光照强度，每个地点至少测量3次；D）将数值记录到表中，并比较不同地点的数值变化。

 2.5.2 不同光照条件下植物开花情况的比较

实验原理

植物开花情况与光因子密切相关，较敏感的植物在不同光照强度、不同光质照射条件下，其开花情况会有不同。

实验目的

了解植物开花过程与光因子之间的密切关系，认识不同光质和光照强度变化下植物开花情况的变化。

实验仪器设备

不同颜色的塑料薄膜，防晒网，黑布，细铁丝。

实验方法和步骤1

A）选定一块较大面积的草地，其中最好具备蒲公英、酢浆草、一年蓬或车前等植物；B）认准和选定其中一种处在开花期的植物（如酢浆草、蒲公英或车前）；C）随机划定和选择12~24个小样地，每个样地中都至少有一株或一丛上述植物；D）用小棍或树枝为每个样地搭建起小篷，并用至少4种不同颜色（如白、红、蓝、绿）的塑料薄膜将小篷覆盖，同颜色的小篷至少设置3个（或更多组），并用防晒网和黑布分别遮盖3~5个小篷；小篷距地面处要留出缝隙以控温；E）一天中至少观察植物开花情况3次（如早晨8：00、中午12：00、下午4：00），并记录观察所得；并与未遮盖的植物开花情况对比。

实验方法和步骤2

A）认准和选定其中一种处在开花期的植物（如月季、石楠、蔷薇、栀子、茶花、牵牛花等）；B）选择花蕾12个或12簇左右；C）将花蕾用由细铁丝编成的简易笼框罩住；D）用至少4种不同颜色（如白、红、蓝、绿）的塑料薄膜将罩子的上半部盖住、绑紧；每个颜色至少设置3个（或更多组），并用防晒网和黑布分别遮盖3~5朵花或花序；E）一天中至少观察植物开花情况3次（如早晨8：00、中午12：00、下午4：00），并记录观察所得；并与未遮盖的植物开花情况对比。

2.5.3 不同颜色诱虫板或诱虫盘诱虫情况对比实验

实验原理

无论是植物还是动物，其活动与光因子密切相关，这其中不同光质占有重要地位。如多数昆虫和节肢动物对紫外线较敏感，而昆虫中的潜蝇、粉虱、蚜虫、叶蝉、蓟马等对黄色也很敏感，而蓝光对叶蝉有较强的吸引力。可利用不同昆虫对光线的敏感程度来诱捕它们。

实验目的

深刻认识光质的生态作用；了解绿色农业上应用较广的环保诱虫法。

实验仪器设备和药剂

不同颜色的塑料板或盘或盆，诱虫胶（或用胶带、黄油或机油等黏性物品代替），尼龙绳，洗衣粉，毛笔或刷子。

图2-21　黄色诱虫纸

实验方法和步骤1

A）将至少4种不同颜色（如白、黄、蓝、红、绿等）的塑料板裁切成20cm×30cm见方的小板块，编号（图2-21）；B）用刷子或毛笔将板的两面都涂上诱虫胶（或黄油或机油，也可直接买专门的、不同颜色的诱虫板）；C）在野外实习住宿地附近较安全处（人畜尤其是婴幼儿、家畜、宠物等不易接近的地方）选择一定高度的树枝，将诱虫板悬挂起来（为安全着想，高度最好不要低于1m；如果条件允许，在保证安全的前提下，高度可适当调节），每种颜色的诱虫板至少设置3块；D）每隔12小时检查板上虫子数量，当其中一些板上有较多虫子时，收集全部诱虫板，并分别记数比较。

实验方法和步骤2

A）选择和编号至少4种不同颜色（如白、黄、蓝、红、绿等）的塑料小盆，每种颜色的小盆数量最好不少于3个；B）向每个塑料盆中倒入一定量的肥皂水，水深在1~2cm之间；C）将塑料盆摆放于容易收集和观察的草地、农田或灌木林中（注意要放在人畜尤其是婴幼儿、家畜、宠物等不易接近的地方）；D）每隔12小时检查盆中虫子数量，当其中一些已有较多虫子时，收集全部盆，并分别记数比较。

 2.5.4 诱虫灯诱虫情况观察和对比

实验原理

夜行性昆虫和节肢动物在光线较弱时主要借助紫外线活动。当某处有较多光线（包含紫外线时），其活动就明显加强，并有趋光性。

实验目的

深刻认识光的生态作用及其对生物的影响；了解生物对光因子的适应能力。

实验仪器设备和药剂

不同亮度的（如50W、100W、250W等）白炽灯或高压汞灯3~5只，白布若干，专门的紫外线诱虫灯或黑光灯1~2个（套），酒精瓶若干，洗衣粉，塑料盆若干。

实验方法和步骤

A）将不同亮度的灯支在不同的开阔地方，互相之间不干扰影响；B）灯后支好一块大小接近的白布；C）在天黑时将灯点亮；D）不同小组人员捕捉落在白布上的所有节肢动物或昆虫，并将它们放入酒精瓶中或肥皂水中保存；E）到晚9:00左右结束灯诱；F）将紫外线诱虫灯或黑光灯也安置到相对安全的地点，点亮相同的时间；G）第二天上午分别鉴定和计数前天晚上所采集到的所有昆虫种类和数量，并比较；H）在住宿地附近的有灯光处（如窗台、路灯下）观察和比较夜行性动物（如壁虎、昆虫尤其是蛾类、甲虫等）的出没情况。

2.5.5　土壤动物的避光性观察和实验

实验原理

土壤动物具有避光性，即它们习惯于向光弱或无光的区域移动。可利用它们的这种特性来收集标本。

实验目的

深刻认识光的生态作用及其对生物的影响；了解土壤动物的避光性。

实验仪器设备和药剂

专门用于采集土壤动物的干漏斗，透明玻璃，固定大小的方木框（大小不限，可20cm×20cm至100cm×100cm，以30cm×30cm为佳），酒精。

实验方法和步骤

A）在枯枝落叶相对较多的地方取样：将方木框内的枯枝落叶以及表层土壤（不宜超过5cm深）全部取出并尽快装于较坚韧的塑料袋中或密闭塑料箱中；B）到室内后，将枯枝落叶和土等一起倒入干漏斗的筛子上，在筛子上面盖上一块玻璃后（用于隔温），将漏斗盖盖上，点亮光源；C）每隔半小时观察土壤动物在漏斗中的分布情况以及漏斗下酒精瓶或杯或皿中收集到的动物数量。

第三章

温度及其生态作用

能量或温度是最重要的生态因子之一。与光类似，地球上的能量几乎全部来源于太阳，因而它也呈现出周期性变化，地球上不同地区的温度相差也较大。不同地区的生物演化出了不同的适应温度高低及其变化的特征。

3.1 温度及其变化

不同地区或同一地区的不同季节，其温度往往相差很大。温度变化对生物有有利的方面，也有不利的方面（图3-1~图3-3）。

图3-1 温度变化示例

同一地点在冬季（A）与夏季（B）气温可能相差很多

图3-2 不同地方的气温可能相差很大

我国内蒙古呼和浩特（A）与江苏南京（B）在4月底时气温还有很大差别，杨树的生长情况明显不同

图3-3 生物体内温度也可能变化（内温与外温动物示例）

天牛（外温动物）因冰的低温而冻僵，可内温动物如人的高体温可使冰融化

3.2 温度的作用

过高或过低的温度对生物都有伤害，每种生物都有生活的适宜温度。生物可以自觉不自觉地来被动适应或主动改变环境的温度（图3-4~图3-6）。

图3-4　过高和过低的温度对生物都可能不利
A：温度太高使南瓜叶萎蔫；B：低温冻伤了垂盆草

图3-5　高温对生物可能有利也可能不利
A：麻雀利用沙土的高温来驱赶寄生虫；B：水牛泡澡来躲避高温以及降低体温

图3-6　生物提高体温、躲避低温示例
A：外温动物如乌龟通过晒太阳来迅速提高体温；B：人类利用温室来提高室温

3.3 生物对温度的适应

生物有多种方式来躲避极端温度，这在动物中表现得特别突出（图3-7~图3-10）。

图3-7 植物对极端温度的适应
A：沙漠中的植物如仙人球等叶片很小，以躲避高温灼烤；B：很多植物会落叶以躲避严寒

图3-8 动物对低温的适应示例
A：青藏高原上的藏獒（具有更浓密的体毛）；B：生活在低海拔地区的狗；
C：牦牛；D：水牛

图3-9 动物对低温的适应（阿伦规律）示例
生活在较寒冷地区的北极狐（A）具有比生活在较温暖地区赤狐（B）更小的
耳朵和身体突出部位

图3-10 动物对低温的适应（贝格曼规律）示例

熊的不同种类：生活在较寒冷地区的熊体型相对较大，但耳廓相对较小；
A：黑熊；B：大熊猫；C：棕熊；D：北极熊

3.4 温度的周期性变化

地球表面温度和光照的周期性变化使得生物的生长也呈现出周期性。无论是动物还是植物都有此现象（图3-11~图3-12）。

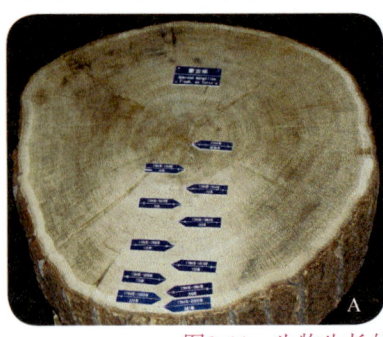

图3-11 生物生长的周期性变化

A：植物的年轮；B：贝壳上的生长线；在光与温度的共同作用下，生物的生长在一年中表现出不同的速率

图3-12 水体季相变化示例
一个池塘在一年不同月份的样貌

3.5 指导性野外观察项目

3.5.1 林内与林外温度差异感觉和测量

站在林缘，感觉其内外的温度差异，条件允许时用温度计测量它们的准确温度，简单分析差异形成的原因。

3.5.2　温度易变性的感觉和测量

在不同地点（如阳光下与背阴处、背风处与迎风处）感觉和测量温度的差异；感觉和测量温室或大棚内外、汽车内外气温、水温的差异；感觉和测量不同叶面（阳光直射下叶正面和背面、背阴处叶正反面、林下叶正反面）温度。

 ### 3.5.3　内温动物和外温动物体温的测量

爬行动物（如蜥蜴和蛇）和昆虫在不同温度条件下的活动情况比较（早晚与中午生物的多少、晒太阳情况等）；在白天和夜晚分别测量蜥蜴、蛇、树木和人的体温。

 ### 3.5.4　水生动物体温的感觉和测量

分别测量和感觉不同水体（如水库、池塘、小溪、河流及其不同深度）的温度，并在这些地点采集一些代表性动物（如小鱼、虾蟹、昆虫等），分别测量和感觉它们与水温的差异。

 ### 3.5.5　不同海拔地区温度的感觉和测量

在山区不同海拔高度的地点相同条件下（如离地面1.5m的阳光直射处、背阴处、裸地上、草坪上、林内外等）分别感觉和测量气温的差异及其变化。

3.6 野外实验

3.6.1 林地内外不同生境温度的测定
（可以与实验2.5.1同时进行）

实验原理

植物群落与环境之间形成一个整体，从而形成自己的内部环境。群落内部与外部存在着一定的差异，其突出表现在主要生态因子的质与量的变化。通过测定主要生态因子之一——温度的变化，可以了解到群落与环境之间的密切联系和相互作用。

实验目的

掌握不同温度计的使用方法；认识不同群落内部及外部温度的差异。

实验仪器设备

大气温度计、地表温度计。

实验方法和步骤

A）选定阔叶林和针叶林两种林地；B）从林地中

心向林缘尽量等距离地选取5个地点,并在林外空旷裸地和背阴裸地选取两个地点,共7个地点;C)在以上7个地点距地面1.5m处用大气温度计分别测量各点的温度,每个地点至少测量3次;D)再分别用地表温度计分别测量各点的地表温度,每个地点至少测量3次;E)将数值记录到表中,并比较不同地点的数值变化;F)分别在上午7:00至下午19:00之间,每隔2小时重复测量以上各点的温度,记录并比较数值变化。

3.6.2 室内外不同生境温度的测定

实验原理

生物在一定程度上能够主动改变环境,从而使自身更好地生存。其中建立洞穴或营巢是常见的方法。本实验通过测量室内外不同生境的温度状况及其变化,可以在某种程度上了解生物与环境之间的协同关系。

实验目的

掌握温度计的使用方法;认识不同生境内部及外部温度的差异。

实验仪器设备

大气温度计、地表温度计、人工温室(可用木棍或竹竿和透明塑料薄膜搭建)。

实验方法和步骤

A）选定室外阳光直射、背阴、温室内、室内至少4处地点；B）在以上4个地点距地面1.5m处用大气温度计分别测量各点的温度，每个地点至少测量3次；C）再分别用地表温度计分别测量各点的地表温度，每个地点至少测量3次；D）将数值记录到表中，并比较不同地点的数值变化；E）分别在上午7：00至下午19：00之间，每隔2小时重复测量以上各点的温度，记录并比较数值变化；F）再分别测量和比较室外水源、室内静置水（最好是用较深的水缸）表层和水底一天当中温度的变化。

3.6.3 温度对土壤动物的影响

实验原理

土壤动物与其他动物一样，在温度较高时都会感觉不适。可用人工设置温度梯度的办法来观察它们的这一现象，从而可以了解温度的生态作用。

实验目的

深刻认识高温对生物的作用及其影响。

实验仪器设备

专门用于采集土壤动物的干漏斗中的筛子，陶罐或花盆若干，固定大小的方木框（大小不限，可

20cm×20cm至100cm×100cm，以30cm×30cm为佳）。

实验方法和步骤

A）在枯枝落叶相对较多的地方取样：将方木框内的枯枝落叶以及表层土壤（不宜超过5cm深）全部取出后装于较坚韧的塑料袋中或密闭塑料箱中；B）到室内后，将枯枝落叶和土等一起倒入若干筛子内（如6个）；C）将陶罐或花盆内装上一定量的刚烧过的灰烬或炭火，形成热源；D）将一定量（如3~4个）装有土和土壤动物的筛子架在热源上，并持续观察筛子表面有无动物出现，并与对照组比较。

3.6.4 生物对温度变化的反应

实验原理

动物对水温及其变化有较强的敏感性，当温度逐渐改变时，它们的活动和生理都会发生很大的变化。通过逐渐改变外温动物生活温度的办法可以观察到这一现象，从而可以了解温度的生态作用。

实验目的

深刻认识极端温度对生物的作用及其影响。

实验仪器设备

水网,捕虫网,铁夹,镊子,陶罐或花盆若干,烧杯或铁质脸盆或桶,带盖但有通气孔的塑料盆若干个,冰箱。

实验方法和步骤1

A）用水网在池塘或小溪中采集小鱼（也可在市场购买）、小虾、螯虾、螃蟹、蝌蚪或青蛙若干只（如20只左右,以淡水甲壳动物为佳）;B）将采集或购买到的水生动物分成若干组（如4~5组）,分别放入装有适量水的铁质容器或烧杯中;C）在陶罐或花盆内装上一定量的刚烧过的灰烬或炭火,形成热源;D）将装有小动物和水的容器放置在热源上,并持续观察水中动物的表现,直到动物全部死亡,并与对照组比较。

实验方法和步骤2

A）用捕虫网和铁夹、镊子在草丛中采集较大的动物（如蚯蚓、蝗虫、蝴蝶、甲虫、草蜥、石龙子等）若干只,将它们放置在塑料盒中;B）将采集到的动物分成若干组（如4~5组）,分别放入冰箱不同温度的空间中,如5℃、0℃、-5℃的不同藏室中;如果条件允许,用老鼠或小鸡等作为对照;C）每隔5min观察和记录动物的活动和表现状况,直到放置在最冷温度中的动物全部冻僵不动。

3.6.5 不同温度条件下生物质腐败情况对比实验

实验原理

温度是生物化学反应的条件之一,随着温度的升高,生化反应的速率往往也加快。生物质在不同温度下的腐败情况,可以形象地表现出这一现象。

实验目的

深刻认识高温对生物化学反应的作用及其影响。

实验仪器设备

陶罐或花盆若干,烧杯或铁质脸盆或桶,铁丝网或竹篮。

实验方法和步骤

A)采集或购买水果和蔬菜若干种(如西红柿、黄瓜、苹果、香蕉),并将每种果实分为3组(也可将它们切成小块后分为几组),分别放入相同的容器中,用铁丝网或竹篮遮盖;B)将3组水果分别放在室内阴凉处、阳光直射处、阳光直射处且下面架上热源(将陶罐或花盆内装上一定量的刚烧过的灰烬或炭火,形成热源,并定时更换);C)持续观察和拍摄果实腐败过程,并与对照组比较。

第四章

水及其生态作用

水是重要的生态因子，因为它是生物身体的主要组成成分之一，也为众多生物提供生存环境和营养介质。正因为有水，我们所生活的地球才会物种繁多、生机盎然！

4.1 水的形态变化

水之所以重要，在于它在常温下是液态，又相对较容易地在固相、液相和气相之间进行转变。另外，它有特殊的密度变化，即固态的水（冰）并不是最重的水，因而只要深度足够，水体中总有液态水存在，这为水生生物提供了重要的避护所（图4-1~图4-3）。

图4-1 水的三相示意
在一个下雪结冰的湖面上,可以看到固态的、液态的和气态的水

图4-2 气态水和液态水示意
气态的水即云雾和液态的水是最常见的

第四章 水及其生态作用

图4-3 水相的易变性示意
A：在清晨，常可以见到水面上的雾；B：蛛网上凝结的露水，是由气态水凝结而成的液态水

 4.2 水的生态作用

水的重要性体现在多方面，如它是生物体必需的成分、是良好的溶剂和栖境等（图4-4~图4-8）。

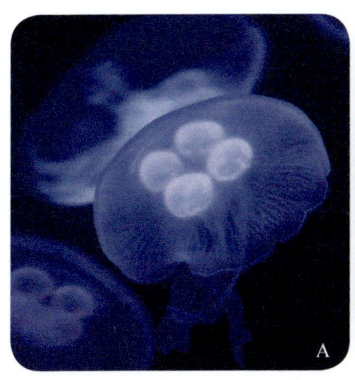

图4-4 水的重要性示例
A：水是生物重要的组成成分，如水母等动物体内90%以上为水；B：一只青凤蝶在饮水

图4-5　生物依赖于水示例

A：水也是水生动物如鱼和小白鹭等生活的场所，并为它们提供食物；B：水更是水生植物赖以生存的必需条件之一

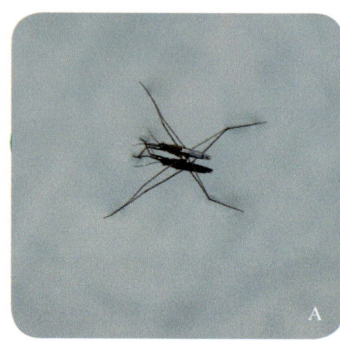 

图4-6　水是良好的载体

A：一只黾蝽在水面活动，水面张力为它提供了支撑；B：水葫芦漂浮在水面，水为它提供了浮力

图4-7　水是良好的溶剂示例

A：一只嘲鸫在用水清洁羽毛；B：水生植物如王莲等要吸收水中的营养物质，并利用水的浮力展开身体

第四章 水及其生态作用

图4-8 缺水会给生物造成严重伤害示例

A：我国西北地区如兰州附近的山头因缺水而几乎不长植物；B：爬山虎因受到太阳和墙壁的双重炙烤而失水严重、卷曲干枯

4.3 生物对水因子的适应

由于水在地球表面的不同地区、不同地点分布极不平衡，故生物尤其是植物因适应不同的水分条件而演化出不同的形态、生理甚至行为，来尽量保持体内水分和水盐平衡（图4-9~图4-15）。

图4-9 水的分布不均示意

A:云南的西双版纳雨林雨量充沛;B:内蒙古的希拉穆仁草原降水较少;C:山坡与山脚下的水分状况也是不同的;D:山坡的不同坡向因雨影的作用,其水分条件也是不同的,故植物长势也不相同

图4-10 植物对水的适应性示例

A:在雨水较丰沛的雨林地区如我国的西双版纳,植物的根系往往平铺在地面吸水;B:在干旱的西北地区,耐旱的植物往往叶片细小、植株矮小、根系发达

图4-11　生活在不同水分条件下的植物示例

A：根据植物对水的需求量，可以将植物分为中生植物（大多数的植物，如玉米、田埂上的植物，水多时它们可能会被淹死）、水生植物（如水稻）、旱生植物（如仙人掌）等；B：水生植物又可分为挺水植物（如莲）、浮水植物（如荇菜、浮萍）和沉水植物（金鱼藻）等；C：旱生植物（沙漠中的植物）

图4-12　生物保水示例

A：中午的向日葵低下花序以避免失水过多；B：青蛙等两栖动物常在近水的阴暗潮湿处活动以避免失水过多；锹甲（C）与沙蜥（D）等动物身体裹有厚壳或鳞片而不易失水

图4-13　旱生植物示例
A：生活于沙漠中的仙人鞭叶细小、气孔下陷、植株挺直；B：瓶子树树干可以储存很多的水分

图4-14　水生植物示例
A：生活于沼泽中的池杉有伸出水面的呼吸根；B：生活于海边的植物根系发达，以抵御强风大浪

图4-15　不同鱼类
A：生活于淡水的金鱼；B：生活于海水中的海马

4.4　指导性野外观察项目

4.4.1　水的不同形态观察

站在高处观察云、雾、水、露等；清晨和夜晚在水体边观察水的不同形态以及水边的动植物等。

4.4.2　气温与水温的差异感觉和测量

在一天的不同时段（如早上、中午和傍晚）分别感觉和测量同一地点的气温和水温，感觉水温的稳定性以及其生态意义。

4.4.3　水生植物的观察

选择合适的水稻田，观察田内外不同植物的形态、根系情况等；选择合适的池塘或小溪等，分别观察水体内外不同植物的形态及其适应性。

 ### 4.4.4　旱生和中生植物的观察

寻找和观察养殖的旱生植物（如仙人掌、仙人球、仙人鞭等）；在较干旱的坡地上观察不同植物的形态。

 ### 4.4.5　水生动物的观察

在小溪内捕捉一定量不同的水生动物（如鱼、青蛙、蜻蜓、蜉蝣稚虫、半翅目、鞘翅目昆虫等），仔细观察它们的形态尤其是呼吸系统的形态，认识它们的适应性和作用。

 ## 4.5　野外实验

 ### 4.5.1　不同水体溶解氧的测定

实验原理

水是生物重要的营养介质，对水生生物来说，溶解

在水中的氧是它们不可或缺的。而水的理化性质的改变会对其产生影响。通过测量不同水体中溶解氧的含量，可以大致了解水体溶解氧含量的变化及其影响因子，也可以认识到水生生物生活的艰难性。

实验目的

了解理化因子（如温度、海拔和污染程度等）对水体溶解氧含量的影响及其变动。

实验仪器设备

便携式溶解氧仪。

实验方法和步骤

A）选择合适的水体（如小溪、小河等）；B）选择合适的测量点（如在上、中、下游各设置3个测量点；或在水体流经的村庄上游、村庄内、村庄下游等各设置1~3个测量点等）；C）每天不同时段（如早上7点、中午12点和晚上7点三个时段）在测量点上分别测量水体中溶解氧含量，每个测量点每次至少测量3次；D）记录并比较不同地点溶解氧的含量变化并分析可能的原因。

 ## 4.5.2 植物蒸腾作用比较观察

实验原理

水是生物重要的组成成分和营养介质。植物通过根吸收水分,并通过蒸腾作用散失水分,从而促进体内水和营养物质的流动和循环,并帮助降低温度。通过观察植物蒸腾作用散失到空气中的水分,可以直观地了解植物的蒸腾作用和水对生物的影响。

实验目的

了解水对植物的作用,并观察植物的蒸腾作用。

实验仪器设备和药剂

陶罐或花盆若干,透明无色塑料袋若干,浇花水桶。

实验方法和步骤

A)选择一种适合盆栽的阔叶植物(如车前、车轴草、酢浆草、蒲公英、太阳花等),并将它们分别栽种到陶罐或花盆中;B)选择其中6盆,给3盆植物每天定时适量浇水,而其他3盆不浇水,将它们全部放置在阳光下培植1~5天,观察并记录它们的形态变化;C)再给另外的3~5盆植物每天浇水,并将植物用透明塑料袋套紧并尽量封口,每天不同时段(如早上7点、中午12点和晚上7点三个时间点)观察和记录塑料袋内有无水滴出现;D)记录并比较不同植物的形态变化并尝试分析可能的原因。

4.5.3　不同植物干重的称量比较

实验原理

水是生物重要的组成成分,生活在不同环境中的植物其水分含量是不同的,这是植物对水因子的生态适应特征之一。通过称量和比较不同类型植物含水量的不同,可以较直观地认识到生物对水因子的适应。

实验目的

了解水对植物的作用以及植物对水的适应。

实验仪器设备

秤或天平,剪刀或镰刀。

实验方法和步骤

A)选择中生植物(草地上的植物一般都是,如艾蒿、车前、车轴草、酢浆草、蒲公英等)、湿生植物(如蕨、海芋或芋头、天南星、芭蕉等)和水生植物(如芦苇、荇菜、菱、荷花、水稻等)各1~3种;B)分别割取和称量500g~10000g植物;C)将割取的植物放置在太阳直射处或烘干,尽可能地去除掉它们体内的水分;C)再分别称量它们的质量,并与原始数据进行对比;D)记录并比较不同植物质量变化的差异并尝试分析可能的原因。

4.5.4 不同植物根系的比较观察

实验原理

水是一种重要的生态因子。植物为获得水分,产生出了不同的适应类型,其中根的形态及其变化是较为明显突出的。通过观察不同生态类型植物根系的形态,可以较直观地了解植物对水因子的适应性。

实验目的

了解植物对水的适应性以及水对植物的作用。

实验仪器设备

锄头或铁锹,水桶。

实验方法和步骤

A)选择中生植物(草地上的植物一般都是,如艾蒿、车前、车轴草、酢浆草、蒲公英等)、湿生植物(如蕨、海芋或芋头、天南星、芭蕉等)和水生植物(如芦苇、荇菜、菱、荷花、水稻等)各1~3种;B)小心地将它们的根系连同周围的土壤尽可能完整地取出;C)将根系在水中小心地洗净;D)记录、拍照并比较不同植物根系的形态;E)尝试分析不同植物、不同根系与水之间可能的关联性。

4.5.5 鱼的游泳能力和行为观察

实验原理

水是一种流体,且比空气黏滞,其对生活在其中的生物有重要影响。通过观察不同鱼鳍的作用及缺少时鱼游泳能力和姿态的变化,可以较直观地了解水生动物对水因子的适应性。

实验目的

了解动物对水的适应性以及水对动物的作用。

实验仪器设备

剪刀,水盆或水桶。

实验方法和步骤

A)捕获或购买一定量的小鱼(如金鱼、鲫鱼、扁鱼等);B)分别小心地剪除不同小鱼的尾鳍、背鳍、臀鳍、一侧和全部胸鳍、一侧和全部腹鳍;C)将它们放入水盆或桶中,观察并记录它们游泳的姿态和能力及其变化;D)分析并记录不同鱼鳍的不同作用。

第五章

土壤及其生态作用

土壤是一种复杂的复合物,是母质在生物和理化因子长期作用下形成的。它为生物提供了非常重要的栖息场所和活动台地,其重要性不言而喻。

5.1 土壤分层

土壤大致可以分为三层:表层的腐殖质层、中间的过渡层和底部的母质层。不同地区的土壤其分层现象以及各层的状况有很大不同,也显示出土壤的成熟程度和形成过程(图5-1~图5-4)。

图5-1 土壤分层示例
A：青藏高原草地土壤的分层状况；B：吉林长白山火山植被形成的土壤

图5-2 土壤生物示例（参见图11-4）
A：真菌；B：蚂蚁；C：螃蟹；D：鼠妇

图5-3　不同类型土壤示例

A：红土（我国云南红河，河水因土壤有机物少而呈现红色）；B：黑龙江（我国黑龙江漠河，河水因土壤有机物多而呈现黑色）

图5-4　土壤表层与深层状况不同

A：土壤表层温度变化较剧烈，外温动物如蜥蜴常利用升温较快的表层土壤特别是暴露的石块等来升高体温；B：而土壤深层，温度变化较温和，很多生物如青蛙和蛇等常躲藏在洞中来躲避极端温度

5.2　土壤的形成

土壤形成需要较长久的时间，一般情况下很难直接观察到。可以利用某地裸露的母质、其上生长的不同植被以及土壤成熟程度，大致推测出某地土壤形成的过程：母质形成、先锋植物侵入、有机质沉积、土壤出现和成熟等阶段（图5-5）。

图5-5 土壤形成过程判别示例

A：滑坡等地质活动暴露出母质，其与周围有植被较成熟土壤之间存在不同发育阶段的土壤序列；B：在寒冷的裸露岩石山顶与山脚之间，也有类似的情况；C：在植物不能生长的裸岩与条件较好的土壤之间，也存在类似序列；D：在林中溪流与成熟土壤之间也可以看到类似情况

5.3 土壤的生态作用

土壤为生物提供了活动的平台、隐蔽的场所、繁殖的场地、生活的洞穴甚至移动通道和食物来源（图5-6~图5-8）。

图5-6 土壤是生物生存的依赖条件之一示例

A：车前生长在有土壤的砖缝中；B：鼠兔在土壤中打洞生活以躲避天敌

图5-7 土壤是生物繁殖所依赖的条件之一示例

A：很多植物如竹子等都通过土壤中的根繁殖；B：很多动物如乌龟、蛇等将蛋产在土壤中；C：很多动物如燕子和胡蜂等要用泥来做巢；D：很多草本植物如丝兰要依赖躲藏于土壤的根来度过严寒

第五章 土壤及其生态作用

图5-8 土壤给生物提供支撑示例

A：植物需要土壤来固定和生长；B：招潮蟹要躲在洞中来躲避潮水和大浪

 5.4 野外指导性观察项目

1）土壤不同深度温度的测量和感觉

选择不同地点如林下、林外空地等处挖30~100cm深小坑，在一天中的不同时段分别感觉和测量不同深度土壤的温度，比较它们的差异和变化。

2）不同类型土壤表面温度差异感觉和测量

选择不同类型土壤表面（如林内有机质层上、裸地、水泥地、柏油路、石头等），在一天中的不同时段分别感觉和测量它们的温度差异和变化。

3）土壤分层现象观察

选择不同土壤类型（如林下、草地），铲出30~100cm的剖面，观察土壤分层现象以及各层的厚度；比较不同土壤剖面各层的厚度变化；选择路边、建筑地附近观察土壤的剖面。

4）不同土壤上生物种类的差异观察

选择不同类型土壤（如林地、草地、岩石、农田），观察其中生活的植物种类和特征；用铲子或手拨开枯枝落叶，观察其中的动物，并简要鉴定和识别（参见图11-4）。

5）不同水分土壤上植物种类的差异观察

选择农田附近或水体附近的含水状况不同的土壤，仔细观察其中生活的植物或生物种类和特征。

5.5 野外实验

5.5.1 不同生境和土壤深度温度的测定
（可以与实验2.5.1同时进行）

实验原理

植物群落与其生活的环境之间形成统一的整体，从而形成自己的内部环境。群落内部与外部存在着一定的差异，其突出表现在主要生态因子的质与量的变化。通过测定主要生态因子之一（土壤温度）的变化，可以了解到群落与环境之间的密切联系和相互作用。

土壤的温度变化与气温、水温等有明显不同。通过测定不同深度温度的变化，认识土壤特点及其生态作用。

实验目的

认识不同群落土壤温度的差异和不同深度土壤的温度变化。

实验仪器设备

地表温度计、土壤温度计。

实验方法和步骤

A）选定阔叶林和针叶林两种林地；B）分别选取不同林地的中心点、近林缘2m处、林外空旷裸地和背阴裸地；共4地点；C）在以上4地点分别用地表温度计和土壤温度计测量距地表0cm、5cm、10cm、15cm、20cm、25cm、30cm、35cm深处的温度；D）将数值记录到表中，并比较不同地点和深度的数值变化。

5.5.2 不同土壤剖面的观察对比

实验原理

土壤是固相（有机物和基质）、液相（水）和气相（空气）的复合体。其中有机物的多少直接影响土壤的质地和成熟状况。通过对比不同植被条件下土壤剖面，可以较直观地认识到土壤与植物之间的关系。

实验目的

了解土壤剖面的典型特征，认识有机质与土壤质地和成熟程度之间的关系。

实验仪器设备

铁铲、铁锹、锄头等，皮尺，照相机。

实验方法和步骤

A）在公路附近选定阔叶林、针叶林两种林地、草地、沼泽地和裸地等不同状况的样地；B）用铁铲、铁锹或锄头等小心地在不同样地上挖出垂直的土壤剖面；C）观察并拍摄不同样地土壤剖面的分层情况和各层的厚度；D）将数值记录到表中，并比较不同样地土壤分层状况。

5.5.3　植被防止水土流失对比实验

实验原理

植被通过多种方式（如茎干和叶片减少雨水的冲刷、根系固定土壤、涵养水分等）来保持水土。植被的多少和丰富程度可以看作土地水土保持的一项重要指标。通过对比不同植被条件下人工雨水冲刷土壤及水土流失情况，可以较直观地认识到植物在保持水土流失中的重要作用。

实验目的

了解植被在保持水土中的作用，认识到植被与土壤之间的相互关系。

实验仪器设备

铁质簸箕或塑料盘或塑料盆若干、陶质花盆若干、塑料饮料瓶或浇花桶1~2个、铁铲或铁锹或锄头1~2把、剪刀、木板若干、照相机、天平或秤。

实验方法和步骤1

A）选取裸地、有植被土壤（最好是生长较旺盛的草地，深度以有植物根系为准或地面下5cm左右，两者深度一致）各一份，面积大小以装满容器为准；B）将两份土分别放入铁质簸箕中（如果用塑料盘或塑料盆作为容器，要事先在离其底2~3cm处开1~5个小口，小口大小以1~2cm见方为宜，小口处最好不被堵塞）；C）两容器倾斜10°~30°并排放置在高处，其开口下方各放置一塑料盆；D）用剪刀在塑料饮料瓶盖上扎8~10个小孔，装满水（也可直接用浇花水桶）后对两装满土的容器同时喷水，多少以土彻底湿透为准；E）等容器中无明显的水流出后，观察并比较收集到的从容器中流出的水，看其中泥沙量及清澈度上是否有差异；F）等水中泥沙沉淀较完全后，倾倒掉上层水分，称量泥沙重量；G）重复实验2~3次，并记录和拍摄结果进行对比。

实验方法和步骤2

A）在坡度为10°~20°的斜坡上选取无植被地面和有植被地面各1~2块，面积以（0.5~2）m×（0.5~2）m为宜；B）用铁铲或铁锹或锄头在样地的周围挖出浅沟，并用木板封闭，只在最低处留一小出口；C）在出口处深挖以埋入陶质花盆（或塑料盆），其开口要低于出口地面2~3cm，以使水能够流入；D）用装满水的塑料饮料瓶或浇花水桶向两样地上洒水；E）等样地中无明显的水流出后，观察并比较收集到的水，看其中泥沙量及清澈度上是否有差异；F）等水中泥沙沉淀较完全后，倾倒掉上层水分，称量泥沙重量；G）重复实验2~3次，并记录和拍摄结果进行对比。

5.5.4 植物菌根的观察

实验原理

植物根系与土壤之间往往形成复杂的复合体,其中菌根是较常见的类型之一。菌根是土壤真菌与植物根系形成的共生体,存在于绝大多数植物根系和生境中。通过观察不同植物根系的菌根,可以较直观地认识到植物与土壤及其他生物之间的复杂关系,也可以更好地了解植物在保持水土流失中的重要作用。

实验目的

认识菌根的形态和作用,理解植被与土壤之间的复杂密切关系。

实验仪器设备

塑料桶或塑料盆若干、白瓷盘、铁铲或铁锹或锄头1~2把、放大镜或显微镜1~2个(台)。

实验方法和步骤

A)选择1~2种植物各1~2株(如豆类、玉米、小麦、稗草、茅草、花生、甘薯、牵牛、龙葵等);B)用铁铲或铁锹或锄头将植株的根系连同其周围的土壤尽可能完整地取出(如果植株较大,可先去掉地上部分);C)将植株根系和土置于水桶或水盆内浸润,并小心将土冲洗干净；D）将根系平放在盛有清水的白瓷盘中展开根系；E）观察根系菌根的形态和数量（菌根往往使根尖膨大变粗、短缩、无根毛、呈羽状分叉、单轴分叉及珊瑚状等形状）。

5.5.5　土壤动物的采集和初步分类

实验原理

土壤是非常复杂的复合体，其中也包含多种动物。通过筛选和识别土壤中的动物，可以较深刻直观地认识到土壤的重要性，以及它作为动植物活动和栖息的平台作用。

实验目的

深刻认识土壤对植物和动物的作用；掌握土壤动物的采集方法。

实验仪器设备和药剂

专门用于采集土壤动物的干漏斗、塑料袋或塑料盆若干、白瓷盘、铁铲或铁锹1~2把、放大镜或显微镜1~2个（台）、酒精、镊子。

实验方法和步骤

A）在枯枝落叶相对较多的地方取样：用铁铲或铁

锹将枯枝落叶以及表层土壤（不宜超过5cm深）全部取出后装于较坚韧的塑料袋中或密闭塑料盆中；B）到室内后，将枯枝落叶和土等一起倒入若干干漏斗内（如6个）；C）插电后放置1~2天；D）收集盛有酒精的培养皿中的土壤动物；E）对照图册或检索表，进行初步分类和计数（参见图11-4）。

第六章

种群的特征和增长

种群是特定空间中同种生物个体的集合,对它们的研究是普通生态学的主要内容之一。种群生态学研究的内容主要集中于种群的特征(数量、空间和遗传特征)以及它们的数量增长方面,这些也是野外实习、观察和实验的重要内容。

6.1 种群的特征

6.1.1 种群中的生物个体

种群的个体根据其遗传组成可以分为两种:构件生物与单体生物。在由单体生物组成的种群中,每一个体都是由一个受精卵直接发育而来,它们的遗传组成是不同的。相反,在构件生物中,受精卵首先发育成一结构单位或构件,然后发育成更多的构件。构件之间的遗传组成是一样的(图6-1~图6-4)。

图6-1 构件生物示例

A:细菌通过分裂形成一个个克隆;B:蕨类通过孢子进行无性繁殖;C:草莓通过茎形成新个体;D:大蒜通过营养体繁殖产生多个新个体

图6-2　单体生物示例
A：家鸭；B：小麦

图6-3　植物种群内个体的变异示例
A: 同一种太阳花的不同植株开不同颜色的花朵；B: 丁香的不同植株也可能开不同颜色的花

第六章　种群的特征和增长

图6-4　狗的品种示例

同一种群的不同个体往往具有不同的性状，它们是自然选择的基础

 6.1.2　种群的空间特征

种群的空间特征指种群的不同个体在空间上的分布样式，也称为种群的内分布型。其基本类型有三种：均匀型、成簇型和随机型（图6-5）。

图6-5　种群内分布型示例

A：随机型；B：均匀型；C：成簇型

6.1.3　种群的数量特征

不同生物种群其数量是有差异的,这体现在它们的多少、密度大小等方面。种群数量大小由出生率、死亡率以及迁入和迁出率等因素共同决定(图6-6)。

图6-6　种群数量大小差异示例
A:树林中的树木和草的数量差异很大;B:一个池塘中的不同鸟类如大白鹭
　　(黄嘴白体者)和苍鹭(体灰色)数量有差异

 ## 6.2　种群增长

种群的数量增长即种群数量在时间上的变动。它可以增加,也可以减小等,有时不同生物种群数量在短时间内可能变化很大(图6-7~图6-10)。

第六章 种群的特征和增长

图6-7 种群增长示例
一个池塘中的水草在冬季（A）与春季（B）数量变化很大

图6-8 种群暴发式增长示例
池塘中蓝绿藻（A）、浮萍（B）与植物上的蚜虫（C）和叶蝉（D）数量有时极大

图6-9 我国的入侵生物示例

入侵生物因短时内没有竞争者和天敌等原因有时会数量增长极快；A：水葫芦；B：紫茎泽兰；C：非洲大蜗牛；D：克氏原螯虾

图6-10 种群衰退生物示例

A：东北虎；B：熊猫

6.3 种群的生活史对策

种群的生活史对策即生物在长期的进化历程中所获得的在生活史上表现出的不同模式，如有些生物繁殖力极强而有些较弱、有些个体较大而有些较小、有些生物在生活史的不同阶段还有染色体数及核型的变化（图6-11~图6-15）。

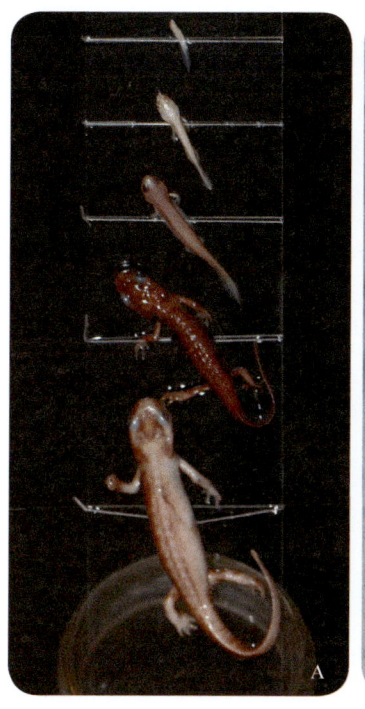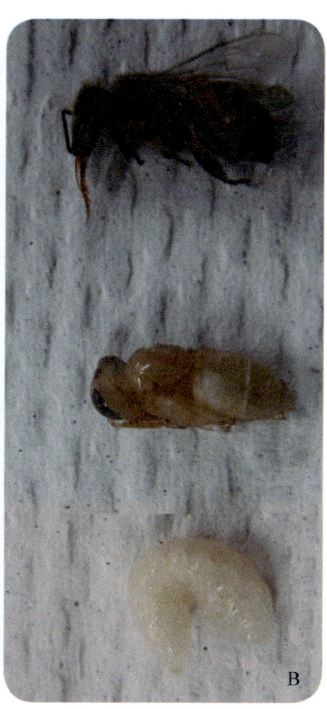

图6-11　不同生活史生物示例

A：蝾螈的发育是渐进式的；B：蜜蜂的发育过程中有变态过程

图6-12　不同繁殖力生物示例

A：木鸭一次繁殖十余只后代；B：狗一次只繁殖几只后代

图6-13 生长与繁殖资源分配模式不同示例
A：雪松的果实相对较少且小；B：水稻种子占了体重的很大部分

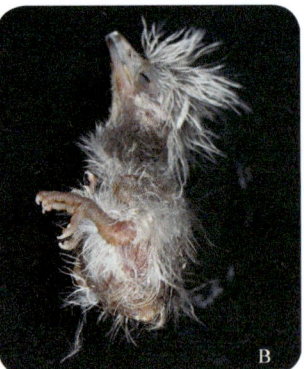

图6-14 幼体成熟程度不同示例
A：家鸭的幼鸟为早成鸟，具有生活能力；B：夜鹭的稚鸟为晚成鸟，靠父母喂养而活

第六章　种群的特征和增长

图6-15　r选择与K选择生物示例

A：龙柏可以认为是K选择型，而草是r选择者；B：鹰为K选择型，而乌鸦是r选择者

6.4　指导性野外观察项目

种群分布型观察

在不同的地点如新出现的裸地、草地、农田和森林中分别观察不同的种群分布型。随机型较少见，如裸地上的先锋植物；均匀型如人工林、单一种群地、水稻、林下植物等竞争较强的地方可以观察到；聚集型较

常见。

种群数量观察

在不同的地点观察不同生物种群数量多少。如在污染的池塘观察水华、水葫芦、水草、浮萍等,在森林中观察鸟类、在草地观察昆虫等。

局部种群聚集观察

观察水边、小岛上的鸟类和植物、花上的蝴蝶和蝇类、蜂类、草丛中的蝗虫、垃圾场的老鼠和昆虫等,这些地方往往聚集有一定量的特定生物。

不同生物生活史观察

观察昆虫的变态、两栖类如青蛙的发育过程、水生昆虫稚虫与成虫的形态差异、虾蟹等幼体与成体的不同等。

种群生活史对策观察

观察草与树的繁殖策略、不同鸟类(如鸡、鸭、鹭)幼鸟的差异观察、不同地带植物种类组成差异的观察(植物CSR型等)。

第六章 种群的特征和增长

6.5 野外实验

6.5.1 生物种群大小直接计数及估算

实验原理

种群在自然条件下数量往往较大，密度也很高。可以通过直接计数和估算相结合的方法来统计了解一些种群的大小，从而便好地认识自然条件下生物种群的生存状态。

实验目的

了解一些生物自然种群的大小，深刻认识它们在自然界中的作用。

实验仪器设备

水网、白瓷盘、水桶、计数器、镊子。

实验方法和步骤

A）根据实际条件，寻找一块合适的水体，水里可以有浮萍、槐叶苹或满江红、水芙蓉、水葫芦或剑水蚤、蚊子或蜉蝣幼虫；B）用水网或白瓷盘、水桶进行定量采集（采集植物时可以固定一定的面积；采集动物可以计算一定量的体积,如将满瓷盘或满桶的水倒入水网后过滤出动物);C)对每次定量采集的标本进行计数(如果动物太活泼,可用酒精将它们固定后再计数),重复3~5次;D)利用网络地图或拍照的方法估算出整个水体的面积和体积,从而估算出整个水体中的种群数量;E)分析它们之所以数量巨大的原因。

6.5.2　样方法估算草地植物种群的大小

实验原理

草地上的草本植物往往数量较多但较均一,可用样方法进行估算。

实验目的

了解一些草本植物自然种群的大小,深刻认识它们在自然界中的作用;掌握样方法在野外的实际运用及其注意事项。

实验仪器设备

铁铲或铁锹1~2把、镊子、计数器、绳子。

实验方法和步骤

A)选择一块植物分布较均匀的草地,植物可以是狗尾草或一种禾本科杂草、艾蒿、车轴草、酢浆草、车前等);B)将草地划分成50~100个小样方,编号;

C）随机抽取其中的5~10个样方，用铲子取得所有需要植物，计数；D）估算出该地某种植物的总数；E）分析它们之所以数量巨大的原因。

6.5.3 标记重捕法估算生物种群大小

实验原理

标记重捕法适用于估算活动能力中等的生物种群大小。通过在一定空间中标记生物个体并计数它们在总种群中的比例，来估算出种群大小。

实验目的

了解一些动物自然种群的大小，深刻认识它们在自然界中的作用；掌握标记重捕法在野外实验中的应用及其注意事项。

实验仪器设备和药剂

镊子、计数器、白瓷盘、石块、木板、铁铲或铁锹、记号笔、老鼠笼、老鼠夹、捕捉昆虫的扫网；中性红染色剂、胡萝卜素着色剂等。

实验方法和步骤1

A）选择一块合适的草地或林地；B）用木板隔出面积以（0.5~2）m×（0.5~2）m为宜的样地1~2块；C）用铁铲或铁锹挖取其中的枯枝落叶和泥土（深度最

好不要超过5cm）若干，采集样土中的鼠妇（或蚯蚓、某种甲虫）20~50只（也可在样地直接采集）；D）用记号笔标记它们其中的较活泼者，并计数；E）将它们再放入原先的样地中；F）过1~2天后，再采集同样的动物50~80只，计数其中有标记者；G）计算样地中动物总数；H）重复实验2~3次，比较结果。

实验方法和步骤2

A）选择一块合适的草地或林地；B）搭建若干个（如5~20个）石块、砖块或木块小堆，浇湿小堆；C）间隔一周左右后，采集躲藏在小堆中的鼠妇（或某种甲虫、蜘蛛等）20~50只；D）用记号笔标记它们其中的较活泼者，并计数；E）将它们再放入原先的小堆中；F）过1~2天后，再采集同样的动物50~80只，计数其中有标记者；G）计算样地中动物总数；H）重复实验2~3次，比较结果。

实验方法和步骤3

A）选取一个相对封闭的区域（如小岛、独立的林地、有围挡的农田等），以10m间距全样地棋盘式布置捕鼠笼50~100个，以鲜红薯块或苹果块为诱饵；B）每日8点和20点两次查笼，将捕获的青壮年老鼠用记号笔在腹部做记号，也可以用剪趾法标记后原位释放，同时记载捕获笼位、鼠种、性别、标记鼠数、捕获鼠数等数据；C）连续标记1~3次，休息1天后再布置50~100个老鼠笼或老鼠夹，全部捕获一天中获得的所有老鼠，计数老鼠总数、其中的标记鼠数、总共标记鼠数等数据，用公式估算出老鼠种群大小；D）认识和鉴定所捕获的老鼠种类及它们的数量之比。

实验方法和步骤4

A）选取一棵或一片高矮大小适宜的树木或作物，植物上要有较多的寄生虫（如樟树、贴梗海棠、杨树、杜鹃、悬铃木、樱桃叶上的网蟓、桃树或竹子上的蚜虫、爬墙虎上的叶蝉、大豆或葛藤上的龟蟓、乌蔹莓或酸模上的叶甲、草上的盲蟓或蝗虫等）；B）根据实际情况，适量采集昆虫50~200只，用记号笔做上标记后释放，记录每次采集到的昆虫种类、数量及标记的昆虫数量；注意要在植物代表性的区域如树枝内外、上下、树干、树皮处采集；C）休息1天后再根据情况采集昆虫50~400只，记录其中有标记的动物数、采集总数、标记总数等，用公式估算出动物种群大小；D）认识和鉴定所捕获的昆虫种类，并初步分析它们的数量巨大的原因。

实验方法和步骤5

A）根据情况在池塘、小水池或小湖泊、养鱼池中捕获小鱼或蜉蝣稚虫或黾蟓50~100只（蜉蝣稚虫有长尾和鳃，黾蟓在水面滑行）；B）用记号笔或扎线或损伤的办法，给它们当中较活泼者做上记号后释放，记录标记的昆虫数量；C）休息1~2小时（待动物充分混合后），再根据情况捕捉动物80~100只，记录其中有标记的动物数、采集总数、标记总数等，用公式估算出动物种群大小。

实验方法和步骤6

A）根据实际条件，寻找一块合适的水体（如污染不太严重的水塘、养鱼池等），水里可以有较多的剑水蚤或蚊子幼虫；B）用水网或白瓷盘、水桶采集一定量的动物放在水桶、水盆或水池中备用；C）用水网在捞取的水中捕获适量的动物，放入另外的水桶或水盆中饲养，饲养水体中加入适量中性红染色剂或胡萝卜素着色剂，等看到其中的动物体色有变化后，捞取一定量放入白瓷盘中计数，再将它们倒入原先的水池中，与当初的动物混合；D）休息10~60min后（待动物充分混合后），再根据情况捕捉动物80~100只，记录其中有标记的动物数、采集总数、标记总数等，用公式估算出动物种群大小。

6.5.4 生物空间分布型的调查

实验原理

生物在空间上的分布由环境因子和食物所决定，因而不同生物呈现出不同的类型。理论上生物的空间分布主要有三种基本类型：随机型、聚集型（成群型）和均匀型。可以通过调查和数学计算的办法来模拟和观察生物的空间分布型。

实验目的

了解一些生物在自然条件下的分布型,掌握其调查和计算方法。

实验仪器设备

镊子、计数器、绳子、铁铲或铁锹1~2把、白瓷盘、木棍。

实验方法和步骤1

A)选择一块植物分布较稀疏的空地,选定其中的1~2种植物(如狗尾草或一种禾本科杂草、艾蒿、车轴草、酢浆草、车前、蒲公英、苜蓿、蓼等);B)将草地划分成50~100个小样方,编号;C)随机抽取其中的5~10个样方,用铲子取得所有需要植物,计数;D)计算所有样方中不同植物的平均数(同种植物植株总数除以样方数,x),再乘以样方总数,估算出该地该种植物的总数;E)计算样方之间的方差(S_2);F)用方差/平均数,确定该种植物的空间分布型(均匀分布时,$S_2/x=0$;随机分布时,$S_2/x=1$;当种群是成群分布时,$S_2/x>1$)。

实验方法和步骤2

A）选择一块林地或草地，以其上的植物分布不太均匀为佳；B）将该地划分成50~100个小样方，编号；C）随机抽取其中的5~10个样方，用铲子取得样方中的所有枯枝落叶和表层土壤，用塑料袋封闭后带回室内；D）到室内后，将枯枝落叶和土等一起倒入若干个干漏斗内（每个样方用一个漏斗）；E）插电后放置1~2天；F）收集盛有酒精的培养皿中的土壤动物；G）对照图册或检索表，进行初步分类和计数；H）选择其中的1~2种（类）动物（如蚯蚓、蜘蛛、昆虫、跳虫、鼠妇等）进行计数；I）计算所有样方中该种（类）动物的平均数（动物总数除以样方数，x），再乘以样方总数，估算出该地该（类）动物的总数；J）计算样方之间的方差（S_2）；K）用方差/平均数，确定该种（类）动物的空间分布型（均匀分布时，$S_2/x=0$；随机分布时，$S_2/x=1$；当种群是成群分布时，$S_2/x>1$）。

实验方法和步骤3

A）选择一块林地或草地，以其上的植物分布不太均匀为佳；B）选定一两种叶子较大的植物（如悬铃木、杨树、爬墙虎等），叶子背面有较多的寄生虫（如叶蝉、网蝽等）；C）用水网捞取一定量的浮萍、槐叶苹或满江红，放置于白盘中，水面以植物分布不平均为佳；D）用照机或手机尽量垂直地对着草地、水面或叶片背面拍照，取得较理想的照片（也可上网搜索到类似照片模拟）；E）将照片在photoshop中打开，使用网格视图功能，将图片用虚线分割为若干个小方块或小样方（可设置小方块的大小，以方便操作。步骤如下：在photoshop菜单栏中的"视图"项下找到并依次点击"显示"、"网格"，或者按下快捷键"ctrl+'"键显示网格；显示网格后如再按下"ctrl+k"键，这时可以在弹出的对话框中点击"参考线、网格和切片"对网格的颜色、间隔和样式进行调整）；F）随机选取其中的5~10个大小合适的、小样方，分别计数其中的植物数量，并估算植物个体总数；G）计算所有样方中该动物或植物的平均数（总数除以样方数，x），再乘以样方总数，估算出该地该（类）生物的总数；H）计算样方之间的方差（S_2）；I）用方差/平均数，确定该种（类）生物的空间分布型（均匀分布时，$S_2/x=0$；随机分布时，$S_2/x=1$；当种群是成群分布时，$S_2/x>1$）。

6.5.5 年龄结构调查和生命表的编制

实验原理

年龄结构和生命表是了解某种生物种群动态变化的简单有效工具，在理论上和实践中都有较多的应用。可以通过调查的方法来模拟编制生命表和建立年龄结构图。

实验目的

了解一些生物在自然条件下的种群动态,掌握年龄结构调查和生命表编制的基本方法。

实验仪器设备

卷尺、捕虫网、纱布或尼龙网、白瓷盘、铲子。

实验方法和步骤1

A)选择一块合适的、生长有常见树木的林地;B)取得不同粗细或不同年龄的木材若干,分别测量它们的周长,并计数它们的年轮以获得大致的树龄,初步建立树木周长与树龄之间的关系公式或对应关系;C)将林地中的树木编号,尽可能多地测量树木的周长(粗细),数量最好能在80~150株以上;D)根据获得的周长与树龄对应关系,分别计算出它们的树龄;E)以年为单位或间隔时间,将它们按年龄大小填写到生命表中,并分别计算常见静态生命表中的几个参数;F)以年为单位或间隔时间,将同一年龄大小的树木数量转化为长短不同的矩形并叠加排放,制成年龄结构图。

实验方法和步骤2

A)选择一块植物分布较稀疏的空地,选定其中的1~2种植物(如狗尾草或一种禾本科杂草、艾蒿、车轴草、酢浆草、车前、蒲公英、苜蓿、蓼等);B)寻找

第六章 种群的特征和增长

并观察尽可能多的植株,将它们初步划分为繁殖前期(未有花苞和花)、繁殖期(有花苞或花)、繁殖后期(花已完全凋谢或结果)的植物,或根据植株生长情况,以月或周为单位,将它们记录和认定到不同月龄或周龄;数量最好能在80~150株以上;C)以月或周为单位或间隔时间,将它们按年龄大小填写到生命表中,并分别计算常见静态生命表中的几个参数;D)以月或周为单位或间隔时间,将同一年龄的植物数量转化为长短不同的矩形并叠加排放,制成年龄结构图;将繁殖前期、繁殖期、繁殖后期的植株总数制成年龄锥体。

实验方法和步骤3

A)选择一块合适的、生长有大量草本的草地;B)用捕虫网在草地上尽可能多地捕捉同一种蝗虫(或猎蝽、长蝽、蝽等);C)根据翅芽长度、身体大小以及外生殖器的长短等,将它们划分为不同龄期,并计数;总数最好能在80~150只以上;D)以龄期单位(共6龄),将它们按年龄大小填写到生命表中,并分别计算常见静态生命表中的几个参数;E)以龄期为单位或间隔时间,将同一龄期的蝗虫数量转化为长短不同的矩形并叠加排放,制成年龄结构图。

实验方法和步骤4

A)选取一棵或一片高矮大小适宜的树木或作物,植物上要有较多的寄生虫(如樟树、贴梗海棠、杨树、杜鹃、悬铃木、樱桃叶上的网蝽、桃树或竹子上的蚜虫、大豆或葛藤上的龟蝽、乌蔹莓或酸模上的叶甲或瓢虫、草上的盲蝽、马兜铃上的麝凤蝶或红珠凤蝶或丝带凤蝶幼虫、菜地或二月兰上菜粉蝶幼虫、苎麻上的珍蝶幼虫等）；B）根据实际情况，适量采集昆虫50~200只；C）根据翅芽长度、身体大小以及外生殖器的长短等，将它们划分为不同龄期的昆虫，并计数；D）以龄期为单位（共6~7龄），将它们按年龄大小填写到生命表中，并分别计算常见静态生命表中的几个参数；E）以龄期为单位或间隔时间，将同一年龄的昆虫数量转化为长短不同的矩形并叠加排放，制成年龄结构图。

第七章

种内和种间关系

生活于同一地点的同种生物不同个体之间以及不同种群之间不可避免地要产生各种各样的关系。它们可以概括为种内关系与种间关系，其也是生态学研究的重点内容之一。

7.1 种内关系

种内关系是指存在于各种生物种群内部个体与个体之间的关系，主要有性别关系、竞争、相残、合作、领域性和社会等级等。

有些生物主要通过无性繁殖的方式产生后代（图6-1），但多数生物尤其是高等动植物通过有性繁殖的方式产生后代。两性及两性配子的分化与融合可以产生无穷无尽的基因重组，从而形成多样的遗传变异，保证生物可以更好地适应自然（图7-1~图7-5）。

图7-1　雌雄同花植物示例
A：卷丹；B：睡莲（示雄蕊和雌蕊）

图7-2　雌雄异株植物示例
A：苏铁；B：银杏；C：构树；D：垂柳（示不同性别的花）

第七章 种内和种间关系

图7-3 动物的不同性别示例
A：灰蝶；B：蟾蜍；C：绿头鸭；D：驯鹿

图7-4 种内竞争示例
A：毛竹为了争夺阳光而竞相长高；B：海鸥为地盘而竞争；C：两只公鸡为争夺配偶而竞争

图7-5 种内合作示例

A：雁父母共同哺育后代；B：白蚁的不同品系合作而形成一个社会性群体

7.2 种间关系

生活于同一生境中的不同物种种群之间也会发生各种各样的关系，这就是种间关系。种间关系的形式很多，如中性作用、竞争、捕食、寄生、偏害、偏利、互惠和共生等（图7-6~图7-16）。

图7-6 种间竞争示例

A：热带雨林中的藤本植物与支持它的木本植物会为了阳光和营养而竞争；
B：生活在同一水域的夜鹭和小白鹭会为食物而竞争

第七章 种内和种间关系

图7-7 寄生关系示例（植物）
A：寄生在垂丝海棠叶上的真菌与网蜡；B：寄生在植物叶片上的真菌与植物；
C：寄生在植物上的菟丝子；D：寄生在大豆上的龟蜡

图7-8 寄生关系示例（动物）

A：外寄生的牛虻正在吸食羊的血液；B：内寄生的线虫从寄主金龟子体内爬出；C：昆虫将卵产在植物叶内而形成虫瘿；D：真菌寄生于蝉的体表和体内

第七章　种内和种间关系

图7-9　捕食关系示例

A：一只食虫虻正在捕捉一只蜂；B：一只蜘蛛正在捕食蜉蝣；C：一只螳螂正在吃食壁虎；D：一只池鹭正在吃鱼

图7-10　食虫植物示例

A：猪笼草；B：瓶子草

图7-11 食草作用示例
A：一只羊驼正在吃树的枝叶；B：一群叶甲幼虫正在吃酸模的叶子；C：一只北松鼠正在吃坚果；D：一只蜡蝉正在吸食树的汁液

第七章 种内和种间关系

图7-12 中性关系示例

A：吃鱼的池鹭与岸边的水草之间相互影响较小；B：分解枯枝落叶的真菌与草之间的相关性不大

图7-13 偏害共生示例

A：大树会遮挡阳光以及释放化学物质以阻止其他植物在附近生长；B：禾草根茎形成浓密的毯状构造不断侵蚀其他植物的地盘，并阻止其他植物生根发芽等

图7-14 偏利共生示例

A:棕榈树的枝杈处长满了蕨类植物,对其影响较小;B:喜鹊将巢建在大树枝上,对树的影响较小;C:松萝生长在松树上;D:生长在树皮上的毛木耳

图7-15 非专一性互利共生示例

A：牛背鹭与食草动物（鹭因食草动物的惊扰而更容易得到昆虫等食物，食草动物得到了更多的警戒）；B：传粉动物与植物（动物得到了食物，植物得到了传粉）；C：蚂蚁与蚜虫（蚜虫得到了保护，蚂蚁得到了食物）；D：树上蜥蜴与树之间（树减少了虫害，蜥蜴得到了食物）

图7-16 专一性的互利共生示例

A：地衣（绿藻与真菌的共生体，绿藻因真菌而有了固着点，并为真菌提供营养）；B：一些无花果与实蝇之间有专一性的共生关系；C：一些传粉动物与花之间

7.3　适应

生活于自然条件下的生物与其他生物之间形成复

杂密切的关系，也面临多种压力，特别是如捕食、寄生和食草作用等。在演化过程中，很多生物形成了自身的适应机制，这其中以保护色、警戒色和拟态表现得最明显、普遍（图7-17~图7-20）。

图7-17 植物的保护措施示例

A：有些植物长有尖刺，在一定程度上抵御动物的啃食；B：一些植物如广玉兰的叶片厚实革质，不易被咬食和消化；C：警戒色（如桑椹未成熟时是刺目的红色，成熟时变成诱人的紫色）；D：一些植物如银杏果有一定的毒性

第七章 种内和种间关系

图7-18 动物的保护色示例
A：草丛中的蚂蚱很像鲜绿的草叶；B：青蛙的体色与溪岸很接近；C：树上的蝉与树皮很接近；D：金眶鸻蛋与石块很像

图7-19　动物的警戒色示例

A：东方蝾螈腹部；B：君主斑蝶；C：一些有毒蛾类的幼虫；D：天蚕蛾后翅上似鹰眼的斑点

第七章　种内和种间关系

图7-20　动物的拟态示例

A：似树枝的尺蠖幼虫；B：似竹枝的竹节虫；C：似绿草的螳螂；D：似树叶的枯叶蛱蝶和它的蛹

7.4　指导性野外观察项目

竞争

观察藤本植物与其缠绕的植物之间的形态和不同结果；观察林内不同植物、不同地点植物的形态和长势差异；观察水边鸟类取食情况和动作，投喂鱼食观察鱼类的行为等。

109

捕食和食草作用

选取合适的地点仔细观察鸟类取食鱼类、昆虫、蚯蚓、蜥蜴捕食昆虫、瓢虫捕食蚜虫等情况；寻找和观察蜘蛛网上粘连的动物种类和形态等。

在草地上观察牛、羊、鹅等动物的取食情况、昆虫取食以及鸟类吃食花果等；比较经常用割草机修剪的草坪与未修剪草坪的差异。

各种形式的合作

寻找和观察蚜与蚁、牛与鹭、植物尤其是豆类的根瘤、传粉昆虫与植物之间的关系；观察蝴蝶、蛾类与花、地衣等；观察植物的化感作用。

种内关系

观察家养动物如鸡、鸭、鹅等种群内部的等级和关系；观察麻雀、白头鹎等种群内部的等级和行为；观察生长在同一地点的植物个体之间的形态差异等。

适应

适应无处不在。仔细寻找和观察保护色、警戒色以及拟态等典型生物。

第七章 种内和种间关系

7.5 野外实验

7.5.1 种间关系调查实验

实验原理

在自然界中,不同生物之间存在着复杂的种间关系,而这些关系在特定地点往往是较专一的。通过调查特定植物上植食性昆虫及其天敌的数量比例关系,可以在一定程度上了解这种关系。

实验目的

了解一些生物在自然条件下的生存状态,以及其与其他生物之间的关系;了解简单调查物种之间关系的方法。

实验仪器设备

捕虫网、尼龙网、白瓷盘、铲子、镊子、放大镜、显微镜。

实验方法和步骤

A)选取一种合适的植物,上面有较多的寄生虫(如有蚜虫的桃树、竹子、大蓟、野豌豆、刺槐、有蝴蝶的苎麻);B)用网将植株完全罩住后,尽可能全部采集其中的动物（如尽力摇晃、喷洒杀虫剂等）；C）将采集到的动物简单分类，并分别计数；D）重复捕捉动物3~5次；E）比较蚜虫或蝴蝶幼虫（植食性）、蚂蚁（吸食蚜虫和蝴蝶幼虫分泌的蜜汁）、瓢虫、猎蝽（捕食蚜虫和蝴蝶幼虫等）等之间的数量关系，以及它们之间的种类对应关系；简单分析它们之间可能的种间关系。

7.5.2 种内和种间竞争关系的调查

实验原理

在自然界中，生物之间普遍存在着竞争关系。通过观察生物对特定环境或对特定食物的争夺，可以较形象直观地了解到这种关系。

实验目的

了解一些生物在自然条件下的生存状态以及竞争的普遍性，学会一些诱虫和测量方法。

实验仪器设备

塑料盆或盘、白瓷盘、镊子、照相机、皮尺、不同颜色塑料绳若干、电脑。

实验方法和步骤1

A）采集或购买食物若干种（如西红柿、黄瓜、苹果、香蕉、面包、馒头、猪肝或鸭血、蜂蜜、谷物），并将每种果实或食物分为3组,分别放入相同的容器中,并将容器安排在较空旷处;B)持续观察不同生物及其个体之间为食物而展开的竞争(如蝇类对腐物、真菌对腐物、蝴蝶对蜂蜜、蚊蝇对猪肝或血、蜂对食物、鸟类对谷物等);C)拍摄种内和种间竞争的典型照片。

实验方法和步骤2

A)用水将面粉调和成稀泥状,用锅将其做成熟面饼或面粉泥;B)等面粉泥(或直接用面饼、包子、馒头等)冷却至室温后倒入3~5个玻璃培养皿或瓷盘中,暴露在空气中让细菌和真菌生长,观察其上的菌斑;C)在另外3~5个同样的培养皿或瓷盘中的培养基上各放置1~2小片发霉的橘子皮后作同样处理;D)记录并观察霉菌、橘子皮周围有无变化或有无其他菌落生长;E)分析原因并拍摄典型照片。

实验方法和步骤3

A)将肉末在少量沸水中煮半个小时左右,使之具有浓厚的汁(也可用肉菜中的汤代替);B)将肉汤倒在若干个盘子内;C)待冷却后在盘中的培养基上各放置1~2小片发霉的橘子皮;D)记录并观察橘子片周围有无变化或有无其他菌落生长;E)分析原因并拍摄典型照片。

实验方法和步骤4

A)选取一块树木疏密不均的林地,选择林地内一处较开阔合适地点;B)选定一棵较大、较粗的树木作为中心点,并用塑料绳标记之,用皮尺测量出它离地面50cm、1m和1.3m处的茎粗,并估算它的高度,记录全部数据;C)再用皮尺分别测量与之相邻20~50棵树木的茎粗、与之相邻的距离,并估算它们的高度,分别记录;D)将所有数值录入电脑中,并用相应软件如excel分析不同树木之间距离与高度、茎粗的关系,并拟合出相应曲线,找出可能存在的规律;E)如果可能,分别识别不同的树木种类,再分别分析和拟合同种和异种树木之间的关系曲线。

实验方法和步骤5

A)选取一块大型草本植物(如一年蓬、蓼、牛膝等)较多的空地,选择一处较开阔合适地点;B)选定一棵较大、较粗的植物作为中心点,并用塑料绳标记之,用皮尺测量出它离地面3cm、10cm高处的茎粗和高度,记录全部数据;C)再用皮尺分别测量与之相邻20~50棵大型草本植物的茎粗、与之相邻的距离以及它们的高度,分别记录;D)将所有数值录入电脑中,并用相应软件如excel分析不同植物之间距离与高度、茎粗的关系,并拟合出相应曲线,找出可能存在的规律;E)将所测量的植物分类到种后,再分别分析和拟合同种与异种植物之间的关系曲线。

7.5.3 寄生现象的观察和比较

实验原理

在自然界中,寄生现象极其普遍,有外寄生的,也有内寄生的。通过观察特定生物对相应其他生物的寄生现象,可以较明了地了解寄生现象。

实验目的

了解一些生物在自然条件下的生存状态,以及寄生的普遍性和专一性。

实验仪器设备和药剂

捕虫网或尼龙网、白瓷盘、镊子、照相机、酒精。

实验方法和步骤1

A)选取1~3种高矮大小适宜的树木或作物,植物上要有较多的寄生虫(如樟树、贴梗海棠、杨树、杜鹃、悬铃木、樱桃叶上的网蝽、大豆或葛藤上的龟蝽、青菜或二月兰上菜粉蝶幼虫等);B)根据实际情况,适量采集昆虫50~200只;C)分别计数不同植物上的寄生虫数量和种类,并记录;D)简单模拟寄生虫与寄主之间的对应关系,并简要分析原因和可能。

实验方法和步骤2

A）选取一块合适的草地；B）在草地上尽可能多地捕捉螳螂，数量以20只以上为宜；C）选择腹部明显膨大的螳螂，将其放入酒精中杀死后，解剖开其腹部，观察其内寄生的线虫；D）重复检查3~5只腹部明显膨大的螳螂，观察并记录是否都有寄生虫；E）简要分析螳螂被寄生的原因和可能。

7.5.4 花与传粉动物共生关系的调查和观察

实验原理

在自然界中，共生关系也极为普遍，其中花与传粉昆虫之间的关系较容易观察到，花与昆虫在形态上也各有特点。通过观察花与传粉动物的形态和种类，可以较明了地了解共生现象。

实验目的

了解生物之间的共生关系；了解传粉昆虫的基本特征；掌握花的结构特点以及可能的适应性变化。

实验仪器设备和药剂

捕虫网、酒精瓶、白瓷盘、镊子、照相机、放大镜、显微镜、酒精。

实验方法和步骤

A）选择正在开花的植物3~5种（如凤仙花、一年蓬、丝瓜、黄瓜、大蓟、野豌豆、刺槐、苎麻、酢浆草、车轴草等）；B）尽可能多地采集植物花上的昆虫，并将它们投入酒精中杀死；C）将采集到的昆虫分类到目或科级水平；D）寻找植物种类与传粉昆虫种类之间可能的关联性；E）简要观察不同传粉昆虫的外部形态，如身体上有无毛、足是否特化为传粉足、有否有管状喙等，并与植物花的结构进行简单对应。

 7.5.5 捕食作用观察实验

实验原理

在自然界中，捕食随处可见。通过加入或排除捕食者的实验，可以较简单明了地观察到捕食现象的存在和作用强度。

实验目的

了解生物之间的捕食关系；了解捕食昆虫的基本特征。

实验仪器设备和药剂

尼龙网、酒精瓶、白瓷盘、带盖培养皿或塑料盒、镊子、花盆、照相机、放大镜、显微镜、酒精。

实验方法和步骤1

A）寻找和选取一种合适的植物，上面有较多的蚜虫（如有蚜虫的桃树、大蓟、野豌豆、刺槐或禾本科植物）；B）用镊子和扫网将蚜虫转移到培养皿或塑料盒或白瓷盘中，每个盒子中的蚜虫数量最好要50头以上；盖上盖子；C）再在野外（最好是同样的植物上）采集瓢虫20~30只；D）将1~3只瓢虫分别放入到有蚜虫的容器中；E）持续观察两天并分别计数容器中剩余蚜虫的数目，并拍摄瓢虫的捕食过程和行为；F）分析比较一只瓢虫一天可能捕食多少只蚜虫。

实验方法和步骤2

A）寻找和选取一种合适的植物，上面有较多的猎蝽（如苎麻、禾本科植物等，也可用蜘蛛代替猎蝽）；B）用镊子和扫网将猎蝽转移到培养皿或塑料盒或白瓷盘中，每个盒子中放置猎蝽1~2头；注意不要被猎蝽蛰到；C）再在野外采集蚂蚁（或小型蝗虫、毛毛虫等）30~50只；D）将3~8只蚂蚁或毛毛虫分别放入到有猎蝽或蜘蛛的容器中；E）持续观察两天并分别计数容器中剩余猎物的数目，并拍摄盒中的捕食过程和行为；F）分析比较一只猎蝽或蜘蛛一天可能捕食多少只猎物。

实验方法和步骤3

A）寻找和选取一处小静水水体（如小型池塘、房前屋后的有水不用的桶、槽、沟等），用水网在其中捞取一些蚊子幼虫（参见11.2.4），饲养在有自然水的白盘中；B）购置（或捕捞）10尾左右的小鱼（最好是小金鱼）和面包虫若干；C）将面包虫和蚊子幼虫逐个投入到有小鱼的白盘内，观察小鱼的捕食过程和行为；D）将小鱼全部移入有蚊子幼虫的白盘中，观察小鱼的捕食过程和行为。

实验方法和步骤4

A）选取一种合适的植物3~5株，上面有较多的蚜虫（如有蚜虫的桃树、大蓟、野豌豆、刺槐或禾本科植物）；B）用尼龙网将植株和花盆完全罩住（也可将植物移植到花盆中放置在野外一两天后再罩住）；C）再在野外（最好是同样的植物上）采集瓢虫20~30只；D）将不同数量的瓢虫放入到罩有尼龙网的植物上去（如一盆不放瓢虫、一盆放5只瓢虫、一盆放10只等）；E）每天观察两次并分别计数植株上蚜虫的数目，持续3天以上；F）分析蚜虫与瓢虫之间的关系，并分析比较一只瓢虫一天可能捕食多少只蚜虫。

第八章

群落特征及其动态

群落指某一地点所有生物的有机集合。由于动物迁移能力很强且依附于植物,故对群落的研究在很大程度上是对植物群落展开的,研究内容主要是群落特征及群落动态方面。

现在一般认为群落是有其内在集合力的客观实体,因而其内部与外部、边界与核心、生物组成及其相互间的联系等都有其自身特点,在时间上也呈现出程度不同的有规律的变化等。

8.1 群落结构

群落结构的内容很广泛,可以指群落中生物的组成及多样性,也可以指群落的空间结构和水平结构等。

8.1.1 群落分层现象

分层现象指群落在空间上形成不同的层次。不同群落的分层现象是不同的（图8-1）。

图8-1 不同群落的分层情况示例
A：人工松树林分层明显；B：吉林长白山近顶部的岳桦林结构简单也层次明显；
C：美国阿拉斯加的针叶林+桦树林；D：我国西双版纳雨林的分层情况不明显

8.1.2　群落的水平结构

群落的水平结构指不同群落形成斑块，彼此之间形成镶嵌性结构（图8-2）。

图8-2　群落水平结构示例
A：台湾中央山脉山顶；
B：吉林长白山近顶部

 ## 8.1.3　边缘效应

在不同群落的边界，如林地与空地、农业用地与森林、水体与陆地、海洋与陆地等之间的过渡地带，由于会出现不同群落的生物，其效应叠加后而使该地的生物多样性和密度往往较丰富,此即为边缘效应(图8-3)。

图8-3 边缘效应示例

A:林地与空地之间;B:菜地与林地之间;C:湖泊与陆地之间的湿地;D:海洋与陆地之间的红树林

8.2 群落中生物的生态位

在群落中,每种生物都只能在时间、空间和营养关系上占据一个特定的位置,即每种生物在群落中所扮演的角色和功能是不同的,即它们的生态位是不同的。它可以表现在一个或多个维度上(图8-4~图8-6)。

图8-4 生态位示例

A：林地中的不同植物其高矮程度、开花时节、寄生动物的不同等表现出它们不同的生态位；B：池塘边的不同鸟类其形态和取食对象及方式的不同表明它们有不同的生态位（大白鹭往往在深水处等候觅食，小白鹭往往在浅水地带用黄爪扰水找鱼，鹳往往也在浅水地带用长喙和爪共同扰水捕鱼，灰鹭往往在岸边等候捕鱼）

图8-5 寄主不同的生态位示例

A：法国梧桐上的悬铃木方翅网蝽；B：杜鹃花上的杜鹃冠网蝽；C：蔷薇科植物上的梨冠网蝽；D：梨冠网蝽危害后的海棠叶；E：樟树上的樟脊冠网蝽；F：杨树上的膜肩网蝽

图8-6 生活方式不同的生态位示例

A：在水面滑行和捕食的黾蝽（昆虫纲半翅目）；B：主要在水面下仰面游泳捕食的仰泳蝽；C：在水中潜泳捕食的划蝽；D：主要在水底活动捕食的蝎蝽

8.3 群落演替

群落在时间上不是一成不变的，而是发生着各种各样的变化。长期而言，群落会发生演替，往往是较成熟的群落慢慢演变替代掉原先不太成熟的群落而向更高阶段发展。然而，由于群落演替的长期性，一般很难在较短时间内观察到。可以用取样和观察不同地点不同发育程度的典型群落的方法而推测某地的群落演替过程和阶段（图8-7~图8-9）。

图8-7　群落演替的一般过程示例

A：裸地形成（此处是次生裸地）；B：植物侵入和定居；C：不断有新植物移入；D：密度增加竞争加强，最后向森林群落演化

图8-8　一个人工林地火烧后的演替过程

A：火烧后不久，林下植物几乎全部被烧除；B：火烧约一年后，草本植物层形成；C：火烧后2~3年，小灌林开始形成；D：火烧后5年以上，灌木层基本形成，人工林呈现出不同的空间层次

图8-9 用空间换取时间的办法研究群落演替过程示例

A：从林地中的池塘中央到成熟林地之间有较完整的该地群落演替系列；B：一个即将被植物完全填实的火山口周围有较完整的演替系列和过程样式；C：一条河流的水域到成熟森林之间有较完整的群落演替过程和阶段；D：一个高度足够的山体从顶端到底部有代表性的群落演替阶段

8.4 指导性野外观察项目

物种多样性

在林内调查和识别树木的多样性；在池塘和小溪中采集并识别水生动物；采集和检索识别土壤动物。

不同群落类型的观察

在实习地点了解、观察不同的群落类型，如水域群落（池塘、小溪、河流）、陆地群落（草地、森林、裸地）以及人工群落（村庄、工厂等）。

群落水平与空间结构观察

在林地中观察群落分层、林下土壤动物、土壤剖面根系等；在水池或小溪中观察和识别水面、水中和水底的动物及它们分层的意义。

在水边、田埂、林缘、路边等观察动植物组成和长势，验证边缘效应。

生态位观察

观察和拍摄同一植物上不同的昆虫类型；观察和拍摄水边或小岛上不同鸟类取食行为和方式；观察林内不同鸟类所生活的高度差异、巢的形态差异、身体大小和色彩的不同；找出生态位类似的鸟类（如啄木鸟）和昆虫（如蜻、蝗虫等）的差异性。

观察和调查不同高度的植物开花时间和形态。

群落演替观察

分别观察裸地、先锋植物、草丛、灌丛和成熟林的形态；在水边观察水中到岸边的植物组成种类及其形态等。

8.5　野外实验

8.5.1　动物多样性调查

实验原理

在自然界中，生物之间因存在复杂的关系而成为个整体，其中土壤动物和水生无脊椎动物因其较小且移动较缓慢而容易调查和取样，且它们大多以枯枝落叶为食，一定程度上排除了植物的干扰。通过对它们的了解，可以在一定程度上了解动物群落的组成及其复杂性。

实验目的

了解动物群落之间的复杂关系和整体性；掌握土壤动物和水生动物的采集调查方法；初步了解各类常见无脊椎动物的特征及分类依据。

实验仪器设备和药品

干漏斗、培养皿、白瓷盘、镊子、照相机、放大镜、显微镜、塑料袋、水网、锄头或铲子、酒精。

实验方法和步骤1

A）选择一块林地或草地，在其代表性地点取样，用铲子取得样方中的所有枯枝落叶和表层土壤，用塑料袋封闭后带回室内；B）到室内后，将枯枝落叶和土等一起倒入若干干漏斗内（每个样方用1~3个漏斗）；C）插电后放置1~2天；D）收集盛有酒精的培养皿中的土壤动物；E）对照图册或检索表，进行初步分类和计数。

实验方法和步骤2

A）选择一块合适的草地或林地；B）搭建若干个

（如5~20个）石块、砖块或木块小堆，浇湿小堆；C）间隔一周左右后，采集躲藏在小堆中较大型动物（如鼠妇、甲虫、蜘蛛、蚯蚓等）；D）分类并计数样地中动物数量与种类；E）重复实验2~3次，比较结果。

实验方法和步骤3

A）选择一块合适的草地或林地；B）选取合适地点用铲子挖出50~200小坑，每个坑中放置一个小塑料杯或小玻璃杯，并将其边缘弄平；C）间隔3天至一周左右后，采集杯中的较大型动物（如鼠妇、甲虫、蜘蛛、蚯蚓等）；D）分类并计数样地中动物数量与种类；E）重复实验2~3次，比较结果。

实验方法和步骤4

A）选择一条溪流，宽度以2~6m为宜，在其代表性地点取样，用水网捕捉大型水生动物，全部直接投入酒精瓶中；B）到室内后，将动物倒入白盘中进行简单分类到科或目级水平，分别计数不同动物的数量和种类。

 8.5.2　草地植物生活型谱调查

实验原理

根据植物休眠芽离地面的高度以及其越冬状态可将植物分为不同的生活型。一个地区的植物生活型谱可以大致反应出此地区的自然历史状况。因而，通过调查和了解特定地区的植物型谱,可以大致了解该地具有的植被类型,以及此地区的气候类型。

实验目的

了解植物越冬方式,认识和了解植物生活型的分类依据。

实验仪器设备

铲子、镊子、放大镜、显微镜、白瓷盘、照相机、放大镜、显微镜。

实验方法和步骤

A)选择一块植物分布密度中等的空地,其上生长有如禾本科杂草、艾蒿、车轴草、酢浆草、车前、蒲公英、苜蓿、蓼以及一些小灌木等;B)寻找并观察尽可能多的植株,在老师的帮助下将它们鉴定到科或种,并分别计数;C)查阅资料,得知每种植物的越冬方式和生活史;D)按表建立该地植物的生活型谱;E)查找资料,与已有报道结果进行对照。

8.5.3 森林地表以上空间结构调查

实验原理

森林在生长过程中,会逐渐地形成空间结构,即分层现象,这是由于不同生活型的植物形成了三维立体结构的层片所造成的。通过调查和了解特定森林中不同层片中的植物组成,可以在一定程度上了解该地森林分层状况及气候类型。

实验目的

了解层、生活型、层片的概念;了解植物生活型的分类依据。

实验仪器设备

镊子、枝剪、放大镜、显微镜、照相机、铁锹、皮尺。

实验方法和步骤

A)选择一块当地较成熟的林地;B)寻找并观察尽可能多的离地表至少30cm高以上的植株,在老师的帮助下将它们鉴定到科或种,并按空间分层分别计数和记录;C)查阅资料,得知每种植物的越冬方式和生活史;D)将不同层片的植物汇总,并比较不同层片的植物种类;E)与发表的已有结果进行对照,并根据数量初步认定该森林的优势种等。

8.5.4　不同生物生态位调查

实验原理

在群落中,每种生物只能占据特定的生态位。生态位有许多表现,如开花时间的不同、取食或生长高度的不同、活动地点的不同,以及它们的组合等。通过对植物开花和动物形态及活动地点的调查,可以较清楚地认识到生态位的差异。

实验目的

了解生态位的概念,认识生态位的不同维度概念,了解近缘生物的不同生态位。

实验仪器设备

镊子、放大镜、显微镜、照相机、捕虫网。

实验方法和步骤1

A)选择当地种类相对较多的一类植物,如野豌豆、酢浆草、猕猴桃、蔷薇科、葫芦科植物等;B)统计每种植物的开花情况(可简单分类为:刚出苗、未开花、即将开花、正开花、已开花等);C)每种植物至少统计10株以上;D)比较不同植物的开花期。

实验方法和步骤2

A)用捕虫网在各种生境中采集蝴蝶,并分别按科详细记录不同蝴蝶的采集地点、生境、寄主等;B)在室内尽可能地将蝴蝶鉴定到种或属(参见11.2.3);C)分析比较不同蝴蝶的生境是否有差异;D)简单拟合出不同类型蝴蝶最佳的捕捉地点和生境。

实验方法和步骤3（参考图8-5）

A）选取5~8种高矮大小适宜的树木，植物上要有较多的半翅目网蝽科昆虫（如樟树、贴梗海棠、垂丝海棠、樱桃、苹果、李、杨树、杜鹃、悬铃木、一年蓬、向日葵等；被感染的植物叶片表面有黄斑、背面有黑色污染物和较明显的虫子）；B）根据实际情况，适量采集昆虫50~200只；C）分别计数不同植物上的寄生虫数量和种类，并对应记录；拍摄不同寄生虫的照片并鉴定；D）简要分析寄生虫与寄主之间的对应关系及可能的原因。

实验方法和步骤4（图8-10）

A）用水网在宽度适宜的（2~6m）溪流中捕捉毛翅目昆虫的幼虫，并尽量收集不同材质的巢；B）采集毛翅目幼虫主要靠网捕，一般用手网即可，这种网用尼龙纱网做成，两边用短棍支撑，携带时可只带纱网，在采集地穿在两根细竹杆或树枝上即可。采集时两人合作或单人操作。两人操作时，一人在前用脚或手搅动水流下的底质，将水下的石块等掀起让水冲洗。生活于底质中的水生昆虫就会被水流冲起，随水流动。另一人在下游撑住手网，稍向后倾斜，等流经网中的水再次变清后，捞起手网，将网上的水生昆虫同底质一起倒入白盘中，然后挑选。单人操作时可背对上游，双手扶网，用脚在网前踢起水底底质；也可用手搬起水中的石块，在石块表面仔细寻找毛翅目幼虫的巢;寻找巢时要在白盘中仔细查看,幼虫一般会带巢活动;C)简要分析毛翅目幼虫巢的类型和它们的特点及作用(可查询网络和有关书籍证实),并讨论不同昆虫可能的生态位。

图8-10 毛翅目昆虫不同巢示例

实验方法和步骤5(参考图8-6)

A)用长柄水网在养鱼塘或水不太流动的小池塘中采集半翅目昆虫;B)它们有在水面滑行的黾蝽、在水中仰面游泳的仰泳蝽、腹面朝下游泳的划蝽、不太游泳的蝎蝽等不同类群,每一类群中又有大小不等的不同种类;C)简要分析它们的不同生态位。

8.5.5 群落演替过程和顶极群落调查

实验原理

群落演替是群落动态最重要的表现形式。理论上讲，任何群落都在朝特定地区的顶极群落发展。然而，这种演替本身一般非常缓慢，不易在短时间内观察到。但可以通过观察不同发育阶段的群落状况，大致排列出某地的群落演替过程。

实验目的

掌握群落演替的概念和"以空间换时间"的调查方法。

实验仪器设备

镊子、放大镜、显微镜、照相机。

实验方法和步骤1

A）在老师的指导下，分别选定某地的成熟森林（一般在保护区的核心区）、缓冲区受人工不同程度干扰的森林、形成时间长短不同的裸地若干处；B）分别调查不同地点的典型植物种类；C）大致编制出该地的陆地群落演替过程和顶极群落组成；D）通过调查和了解该地顶极群落中优势树种的年龄，大体判断出该地演替可能需要的时间。

实验方法和步骤2

A）在老师的指导下，选定某地的成熟森林（一般在保护区的核心区）中的一处低洼处，其最深处最好长年积水；也可以选定平缓森林中的溪流；B）从水边向成熟森林分别取样,调查了解该地不同地带的森林类型以及不同地点的典型植物种类;C)大致编制出该地的水生群落演替过程和顶极群落组成;D)通过调查和了解该地顶极群落中优势树种的年龄,大体判断出该地演替可能需要的时间。

第九章

生态系统组成及功能

生态系统是有机体与无机环境之间通过物质循环与能量流动而形成的统一整体，在其内部的能量、物质以及信息等通过相互作用、相互影响、相互整合而自我循环，从而形成一个动态的生态复合体。

9.1 生态系统的组成成分

生态系统的组成成分可以分为两大类：生物有机体和非生物环境，有机体按作用和功能以及能量传递过程又可分为生产者、消费者和分解者（图9-1~图9-6）。

图9-1 生态系统的无机成分示例
环境中的光线、能量、水、空气、土壤等是生态系统中无机成分的主要代表

图9-2 生态系统的生产者示例
A：陆地上的绿色植物和藻类（图中黑色者）是主要的生产者；B：生产者通过光合作用合成有机物，为生态系统源源不断地输入能量和物质

图9-3 生态系统的初级消费者示例
A：吃草的麋鹿；B：吸食植物花蜜的弄蝶

图9-4 生态系统的高级
　　　消费者示例
A：东北虎；B：狼；C：猫

图9-5 消费者的等级可变示例
A：椋鸟吃食动物身上的寄生虫时是高级消费者，而当它吃食草籽和果实时就变成了初级消费者；B：杂食性老鼠

图9-6 生态系统中的分解者示例

A：细菌；B：腐木上的真菌；C：黏菌（分解者不摄食和体内消化，只进行体外消化而将有机物分解为小分子）

9.2 食物链和食物网

生态系统中的生物按其取食和被食的关系而排列成前后链状顺序称为食物链，食物链彼此交错连接形成食物网（图9-7）。

图9-7 生态系统中的食物链示例
A：植物→蚜虫→瓢虫；B：植物→摇蚊→猎蝽

9.3 能量流动和物质循环

流入生态系统的有机能量在通过各个营养级时是逐级减少的，物质也不断地被分解还原到环境中去被重复利用。能量减少的原因有多种，如各营养级不能全部被利用、各营养级都要消耗等（图9-8~图9-9）。

图9-8　生态系统中的能量耗损示例

A：能量不能全部为利用（枯枝落叶、残花败果、树干树根等不能被取食）；

B：被消费的能量和物质不能全部被利用（一部分因不能吸收而作为粪便排出，动物呼吸作用也要消耗大量能量）

图9-9　生态系统中的能量流动和物质循环示例

A：植物利用光能和营养物质合作有机物和能量；B：绿色植物被消费者所利用；C：生产者（树木）被分解者（真菌）分解；D：消费者（动物）被分解者分解

9.4　指导性野外观察项目

生态系统的组成成分观察

了解和观察某地的光温条件以及植物、动物、微生物（大型真菌）的主要种类，并将它们简要按生产者、消费者和分解者分类；在同一植株上采集昆虫，并将它们按食性、功能分类，如植食性和肉食性等；采集和拍摄林下腐殖质中的各类生物，并按食性、功能分类。

初级生产和次级生产

观察新叶、新芽、新枝；在草地上观察发芽的草本植物；观察新生长出的水中植物及其枯枝落叶；观察树的年轮、鱼鳞和贝壳上的生长轮等。

分解者和分解作用

在枯枝落叶及土壤中观察分解者；寻找和拍摄真菌，并作简要分类。

观察林下不同层次、不同深度枯枝落叶的分解状况和腐败程度；观察垃圾的分解过程；观察土壤腐殖质层和水中底泥。

食物链与食物网

在草地植物中或树叶上寻找和拍摄动物的捕食过程；在枯枝落叶中观察不同的捕食动物；寻找和观察家养的不同动物及其食性。

生态净化

寻找和观察人工净化池、自然净化过程、化粪池，参观水处理池或污水处理厂。

9.5 野外实验

9.5.1 黑白瓶法测量水体的生产量

实验原理

植物的初级生产是生态系统能量传递的起点,也是生态系统存在的基础。在光合作用过程中,植物要释放出氧气,故通过对水中溶解氧浓度的改变量进行测定,就可推算出光合作用的强度,进而可在一定程度上了解植物初级生产的能力和效应。

实验目的

了解水体初级生产的概念和过程;掌握黑白瓶法测量水体生产量的方法及其要领。

实验仪器设备

125~300mL透明玻璃瓶若干个、黑布或黑色塑料布、溶解氧仪、绳子、木棍或竹竿、尺子、照相机。

实验方法和步骤1

A)选择一处深度大小适宜的池塘或小溪、水潭,将长木棍或竹竿横放其上;B)将玻璃瓶悬挂在横竿上,并在距离水面以下5cm、50cm以及100cm处各悬挂3~5对瓶子,其中各对瓶子中的一个用黑布完全蒙住;C)小心将瓶子盖打开,让水完全装满瓶子,并盖上瓶盖;D)再分别用瓶子装取不同深度的水样,并立即用溶解氧仪测定其中的溶解氧浓度数据;E)放置12h或24h后,将各组瓶子取出,分别测量黑白瓶中的溶解氧数据;F)白瓶与初始瓶含氧量的差值代表净光合作用量[单位可调整为g/mL,如果将时间代入,就成为了净光合作用率或初级生产力,单位可以为g/(mL·d)或g/(mL·h)],而黑瓶与初始瓶之间含氧量的变化代表了呼吸耗氧量。两者相加就可得到总初级生产量或总初级生产力。

实验方法和步骤2

A)选择一处深度适宜的池塘或小溪、小潭;B)在距离水面以下5cm、50cm以及100cm分别取水,每处取3瓶水(或3瓶1组,共1~3组);C)将其中一瓶用黑布完全蒙住,并立即用溶解氧仪测定其中另外一瓶水的溶解氧浓度;D)将黑白瓶在室外阳光下放置12h或24h后,分别测量黑白瓶中的溶解氧浓度;E)白瓶与初始瓶含氧量的差值代表净光合作用量(如果将时间代入,就成为了净光合作用率或净初级生产力),而黑瓶与初始瓶之间含氧量的变化代表了呼吸耗氧量,其加上净初级生产量就可得到总初级生产量。

实验方法和步骤3

A）设置玻璃瓶5个（或5瓶1组，共1~3组）；B）根据实际情况在其中4瓶中安置好两种水生植物（如眼子菜 *Potamogeton*、金鱼藻 *Ceratophyllum*、水绵 *Spirogyra*），一种植物分装两瓶，其中一瓶用黑布完全蒙住；C）在附近池塘或溪流中取水，并将5瓶完全装满，不留一丝空气；D）立即用溶解氧仪测定其中未装植物瓶的溶解氧浓度；E）将黑白瓶在室外阳光下放置12h或24h后，分别测量黑白瓶中的溶解氧数据；F）白瓶与初始瓶含氧量的差值代表净光合作用量（如果将时间代入，就成为了净光合作用率或初级生产力），而黑瓶与初始瓶之间含氧量的变化代表了呼吸耗氧量，两者相加就可得到总初级生产量；G）比较不同植物总初级生产力、净初级生产力、呼吸量的差异。

9.5.2 不同草本植物地上部分干重的称量比较

实验原理

陆地生态系统对人类极其重要，其初级生产量在一定程度上决定了地球人口承载量。故通过对陆地草本植物生物量的测定，可以在一定程度上认识陆地植物的生产能力以及它们的重要性。

实验目的

了解植物在陆地生态系统中的重要作用和不同植物生产力的差异。

实验仪器设备

秤或天平，剪刀或镰刀，绳子。

实验方法和步骤1

A）选择较常见的草本植物3~5种（草地上的植物一般都可，如艾蒿、车前、车轴草、酢浆草、蒲公英、苜蓿、蓼、禾本科的狗尾草、虮子草、茅草等）；B）分别选取长势正旺或正在开花的植株各5~10株，用镰刀沿地表将它们割下；C）用天平或秤称量它们的鲜重，并记录；D）将割取的植物放置在太阳直射处或烘干，尽可能地去除掉它们体内的水分；E）再分别称量它们的质量，并与原始数据进行对比；F）记录并比较不同植物质量的差异度，并比较不同植物干重的差异；G）查找出每种植物在当地的生活史及一年生长的代数，试着计算出每株植物的净初级生产量。

实验方法和步骤2

A）选择一块植物分布较均匀的草地，其上生长有常见的不同杂草（如艾蒿、车前、车轴草、酢浆草、蒲公英、苜蓿、蓼、禾本科的狗尾草、虮子草、茅草等); B)将草地划分成50~100个小样方,编号; C)随机抽取其中的5~10个样方,用铲子取得所有植物的地上部分,分别称量鲜重; D)将割取的植物放置在太阳直射处或烘干,尽可能地去除掉它们体内的水分; E)再分别称量它们的质量,并与原始数据进行对比; F)记录并比较不同种类植物质量的差异度,并比较不同植物干重的差异; G)根据面积、干重和不同植物在当地一年生长的代数,试着计算出每种植物的净初级生产力。

9.5.3 能量传递效率简单测量

实验原理

生态系统的存在与运转需要能量的不断输入和传递,然而能量传递受到多种因素的影响,其效率一般都较低。通过对昆虫(模拟初级消费者营养级)能量分配的简单测量,可以在一定程度上了解能量传递的过程和效率。

实验目的

了解能量在各营养级的消耗和传递过程及效率,初步掌握调查能量传递的方法和手段。

实验仪器设备

秤或天平,剪刀或镰刀,镊子、大小不等的塑料盒若干个。

实验方法和步骤1

A）选取1~2种有寄生虫的植物,寄生虫最好较大较明显(如大豆或葛藤上的龟蝽、乌蔹莓或酸模上的叶甲或瓢虫、马兜铃上的麝凤蝶或红珠凤蝶或丝带凤蝶幼虫、菜地或二月兰上菜粉蝶幼虫、苎麻上的珍蝶幼虫等);B)根据实际情况,适量采集3~5株植物及其上的所有寄生虫;C)分别称量植株和寄生虫的质量;D)用它们的质量分别代表它们的年度净生产量,从而建立能量传递的比例关系。

实验方法和步骤2

A)选取1~2种有较多寄生虫的植物(如有蚜虫的桃树、大蓟、野豌豆、有网蝽的贴梗海棠、杨树、杜鹃、悬铃木等、有甲虫的酸模等);B)根据实际情况,适量采集50~100片叶子或3~5株植物及其上的所有寄生虫;C)分别称量植株和寄生虫的质量;D)用它们的质量分别代表它们的年度净生产量,从而建立能量传递的比例关系。

实验方法和步骤3

A)选取1~2种有寄生虫的植物,寄生虫最好较大较明显(如马兜铃上的凤蝶幼虫、菜地或二月兰上菜粉蝶幼虫、苎麻上的珍蝶幼虫等);B)根据情况适量采集昆虫15~50头，将它们数量不等地分别放入3~5个塑料盒中，盒上要扎孔，并用寄主植物或叶子饲养它们；C）放入前分别称量虫和饲料的重量；D）等盒中有较多虫粪后，分别收集虫、吃剩的饲料和虫粪的重量，并与原始数据对比；E）分别计算虫子在此时间段的同化率、呼吸率、生产率和能量传递效率等。

9.5.4 生态系统中食物链及食物网关系初探

实验原理

生态系统的能量流动与物质循环是通过食物链与食物网来进行的，它们的存在对生态系统极其重要。通过简单了解实际存在的食物链与食物网关系，可以真切地感受到生物在自然界的实际存在及相互间的密切关系。

实验目的

了解食物链和食物网的概念，简单模拟实际存在的食物链与食物网。

实验仪器设备和药剂

铲子、剪刀或镰刀，镊子、白盘、酒精瓶、水网、气雾杀虫剂、透明塑料薄膜等。

实验方法和步骤1

A）选取一种合适的植物3~5株，上面有较多的蚜虫（如有蚜虫的桃树、大蓟、野豌豆、刺槐或禾本科植物）；B）用尼龙网将植株完全罩住；C）尽可能全部采集植株上的所有动物（可尽力摇晃或喷入杀虫剂）；D）根据食性分类（蜘蛛、盲蛛、猎蝽、瓢虫为常见的捕食性动物，其他动物一般为植食性动物）；E）初步建立该种植物上的食物链与食物网关系。

实验方法和步骤2

A）在无风的晴天，选取一株合适的树木，树木上最好明显有寄生虫且不太高，但叶子最好相对较浓密；B）用透明塑料薄膜将其完全罩住，地上也铺上白色薄膜或布；C）向不透气或不太透气的薄膜罩内喷适量气雾杀虫剂；D）等1~2h后，尽量猛烈地摇晃树木，使其上的动物全部掉落到地上；E）拾取全部动物，根据食性分类（蜘蛛、盲蛛、猎蝽、瓢虫为常见的捕食动物，其他动物一般为植食性动物）；F）初步建立该种植物上的食物链与食物网关系。

实验方法和步骤3

A）在枯枝落叶相对较多的地方取样：将方木框内的枯枝落叶以及表层土壤（不宜超过5cm深）全部取出后装于较坚韧的塑料袋中或密闭塑料箱中；B）到室内

后，将枯枝落叶和土等一起倒入若干干漏斗内（每个样方用1~3个漏斗）；C）插电后放置1~2d；D）收集盛有酒精的培养皿中的土壤动物；E）对照图册或检索表，进行初步分类和计数；F）根据食性分类（蜘蛛、盲蛛、猎蝽、瓢虫、马陆为常见的捕食动物，其他动物一般为植食性动物）；G）初步建立该地土壤动物之间的食物链与食物网关系。

实验方法和步骤4

A）用长柄水网在养鱼塘或水不太流动的小池塘中采集水生动物，将它们全部投入酒精中杀死（较大的虾、蟹、小鱼等可直接计数后放生）；B）根据食性分类（小鱼、半翅目的鼋蝽、仰泳蝽、划蝽、蝎蝽、蜻蜓、蜘蛛等为常见的捕食动物，其他动物一般为植食性动物）；C）初步建立该地水生动物之间的食物链与食物网关系。

实验方法和步骤5

A）用水网在宽度适宜的（2~6m）溪流中捕捉大型水生动物；B）将它们全部投入酒精中杀死（较大的虾、蟹、小鱼等可直接计数后放生）；C）根据食性分类（小鱼、半翅目的鼋蝽、仰泳蝽、划蝽、蝎蝽、鞘翅目的甲虫、蜻蜓、蜘蛛等为常见的捕食动物，蚂蟥、线虫为寄生性动物，其他动物一般为植食性动物）；D）初步建立该地水生动物之间的食物链与食物网关系。

实验方法和步骤6

A)在枯枝落叶、水边、草丛中捕捉适量蜥蜴、青蛙、石龙子、螳螂(条件不允许时可在市场购买1~3种较大的野生鱼代替);B)将动物的胃肠解剖取出;C)小心仔细地取出胃肠中的内容物,清洗后根据食物碎片或残留物简单识别其中有什么生物种类;D)初步建立该种动物的食谱以及与其他生物之间的关系。

9.5.5 生态系统中腐败过程和分解者的调查

实验原理

分解过程是生态系统中能量传递与物质循环的重要一环,其中有许多种生物参与。通过人工设置的生物腐败过程的观察,可以生动、有效地观察到这一过程和现象。

实验目的

深刻认识分解过程及其作用,初步了解分解者的种类。

实验仪器设备

陶罐或花盆若干,烧杯或铁质脸盆或桶,竹篮,照相机等。

实验方法和步骤

A）采集或购买水果和蔬菜若干种（如西红柿、黄瓜、苹果、香蕉、白菜、菠菜、韭菜、茄子、萝卜等），将它们切成小块后，尽量均匀地分成5份或5组，另备同质量的枯枝落叶一份；B）将它们分别放置1份在林地内地面上，1份放在室外有阳光直射的地面上，1份放在阴暗处的花盆中，1份放在室内，1份放在冰箱中；C）持续观察和拍摄腐败过程，并在对照组中尽量收集腐物中的动物；D）将采集到的动物进行简单分类。

第十章

人与生物

人作为地球的主宰,已经并将继续深刻影响地球及其自然生态系统。人对地球生态系统的影响有负面的,也有正面的。"春日酿成秋日雨!"无论如何,我们今天的行动必将影响未来,我们今天的行为必将影响子孙。请让我们立即行动起来,为共建美好地球和宜居环境而努力!

10.1 人类对自然生态系统的负面影响

人类对地球和自然生态系统的负面影响主要表现在三方面:直接渔猎生物、有意或无意地改变生境和生物组成、污染。就结果而言,人类物理性地改变地球表面、化学性地改变空气、土壤和水的组成、以及改变某地区的生物组成等(图10-1~图10-4)。

图10-1　人类对生态系统影响示例
A：直接渔猎；B：砍伐森林；C：毁林造地；D：火烧开垦土地

图10-2　人类对地球表面的物理改变示例
A：毁林造田；B：建筑毁林；C：筑路毁林；D：改造河流自然水道

第十章 人与生物

图10-3 人类对地球的化学改变示例
A：化工厂释放有害气体；
B：热电站释放有害气体和热量

图10-4 人类对地球的生物组成改变示例
A：污染可以使大量生物死亡和消失；B：外来入侵生物如喜旱莲子草等给当地生物造成影响

10.2 人类对自然生态系统的积极改造

在积极方面,人类已经认识到人类社会的发展给自然生态系统所造成的影响,而这种改变并将最终深刻影响人类自身。因而,全球各地的人们采取了多种措施,采用多种方式和科学技术来保护生物、环境、生态系统以及人类自身等(图10-5)。

图10-5 人类对生物和生态系统的积极改造示例

A:人工繁殖和放养濒危生物如麋鹿;B:人工造林恢复自然生态系统;C:人工驯化和恢复濒危野生动物种群,如美国人带领和驯化鸣鹤以恢复其自然迁飞能力和习性;D:在建设时尽量不损伤生物,如将树迁地种植保护等

10.3　人与自然和谐共存

人类的生存和发展依赖于自然生态系统，因而人类的未来除与自然和谐共处外没有其他出路。无论道路如何曲折艰难、无论前途多么凶险艰困，我们终究要走上这条路！这不仅是我们的使命，也是我们的需要。让我们尽量将人类的归人类，自然的归自然，让所有生物与自然环境保持和谐共存吧（图10-6）！

图10-6　人与自然和谐共处之路

第十一章

生态学野外实习常见动植物一览

11.1 生态学野外实习常见植物

11.1.1 常见绿化植物

马褂木 *Liriodendron chinense*

广玉兰 *Magnolia grandiflora*

莲 *Nelumbo nucifera*

第十一章 生态学野外实习常见动植物一览

白睡莲 *Nymphaea alba*

檵木 *Loropetalum chinense*

鸡爪槭 *Acer palmatum*

酢浆草 *Oxalis corniculata*

红花酢浆草 *Oxalis corymbosa*

白车轴草 *Trifolium repens*

樟 *Cinnamomum camphora*

小蜡 *Ligustrum sinense*

第十一章 生态学野外实习常见动植物一览

冬青卫矛 Euonymus japonicus

石楠 Photinia serrulata

(小叶)黄杨 Buxus sinica

海桐 Pittosporum tobira

火棘 *Pyracantha fortuneana*

垂丝海棠 *Malus halliana*

贴梗海棠 *Chaenomeles speciosa*

梨 *Pyrus* sp.

第十一章 生态学野外实习常见动植物一览

七姊妹蔷薇 *Rosa multiflora* var. *carnea*

月季 *Rosa chinensis*

樱桃 *Cerasus pseudocerasus*

蜡梅 *Chimonanthus praecox*

梅 *Armeniaca mume*   映山红 *Rhododendron simsii*

木槿 *Hibiscus syriacus*   绿叶爬山虎 *Parthenocissus laetevirens*

第十一章 生态学野外实习常见动植物一览

爬山虎 *Parthenocissus tricuspidata*　　　　栀子 *Gardenia jasminoides*

二球悬铃木 *Platanus acerifolia*　　　　珊瑚树 *Viburnum odoratissinum*

栾树 Koelreuteria paniculata

桂花 Osmanthus fragrans

太阳花(大花马齿苋) Portulaca grandiflora

紫藤 Wisteria sinensis

第十一章 生态学野外实习常见动植物一览

合欢 *Albizia julibrissin*　　　　　槐 *Sophora japonica*

刺槐 *Robinia pseudoacacia*　　　　紫荆 *Cercis chinensis*

凤仙花 *Impatiens balsamina*　　　连翘 *Forsythia suspensa*

11.1.2　常见栽培植物

核桃 *Juglans regia*　　　草莓 *Fragaria ananassa*

苹果 *Malus pumila*

桃 *Amygdlus persica*

紫叶李 *Prunus cerasifera* f. *atropurpures*

李 *Prunus salicina*

桑 *Morus alba*   石榴 *Punica granatum*

柑橘 *Citrus reticulata*   茶 *Camellia sinensis*

第十一章 生态学野外实习常见动植物一览

陆地棉 *Gossypium hirsutum*　　　　山芋(红薯、番薯) *Ipomoea batatas*

蕹菜 *Ipomoea aquatica*　　　　茄 *Solanum melonger*

番茄(西红柿) *Lycopersicon esculentum*

土豆(阳芋) *Solanum tuberosum*

辣椒 *Capsicum annuum*

韭 *Allium tuberosum*

芝麻 Sesamum indicum

花生 Arachis hypogaea

豌豆 Pisum sativum

四季豆(菜豆) Phaseolus vulgaris

豇豆 *Vigna unguiculata*

扁豆 *Lablab purpureus*

蚕豆 *Vicia faba*

大豆(黄豆) *Glycine max*

第十一章 生态学野外实习常见动植物一览

生菜 *Lactuca sativa* var. *ramosa*

青菜 *Brassica chinensis* var. *chinensis*

油菜 *Brassica capestris*

甘蓝(卷心菜、包菜) *Brassica oleracea* var. *capitata*

胡萝卜 *Daucus carota*

萝卜 *Raphanus sativus*

黄瓜 *Cucumis sativus*

丝瓜 *Luffa cylindric*

苦瓜 *Momordica charantia*

葫芦 *Lagenaria siceraria*

南瓜 *Cucurbita moschata*

西瓜 *Citrullus lanatus*

冬瓜 *Benincasa hispida*

甜瓜 *Cucumis melo*

栝楼 *Trichosanthes kirilowii*

葡萄 *Vitis vinifera*

稻 Oryza sativa

普通小麦 Triticum aestivum

玉米 Zea mays

毛竹 Phyllostachys heterocycla

薯蓣(山药) *Dioscorea opposita*

茼蒿 *Chrysanthemum coronarium*

野菊(菊花脑) *Dendranthema indicum*

11.1.3 常见野生植物

蕨 *Pteridium aquilinum*

槐叶萍 *Salvinia natans*

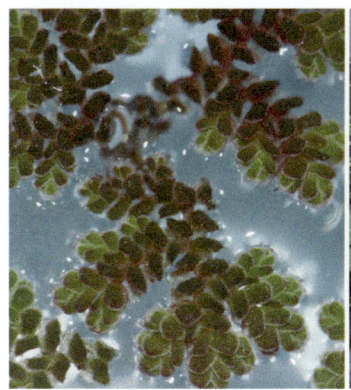

满江红 *Azolla imbricata*

井栏边草 *Pteris multifida*

羊蹄 *Rumex japonicus*

金线草 *Antenoron filiforme*

戟叶蓼 *Polygonum thunbergii*

马兜铃 *Aristolochia debilis*

第十一章 生态学野外实习常见动植物一览

苎麻 *Boehmeria nivea*

葎草 *Humulus scandens*

龙葵 *Solanum nigrum*

野菱 *Trapa incisa*

圆叶牵牛 *Pharbitis purpruea*

牵牛 *Pharbitis nil*

半边莲 *Lobelia chinensis*

鸡矢藤 *Paederia scandens*

(紫)苜蓿 *Medicago sativa*

萝藦 *Metaplexis japonica*

车前 *Plantago asiatica*

白英 *Solanum lyratum*

牛膝 *Achyranthes bidentata*

凹头苋(野苋) *Amarantnus lividus*

薄荷 *Mentha haplocalyx*

救荒野豌豆 *Vicia sativa*

第十一章 生态学野外实习常见动植物一览

小巢菜 *Vicia hirsuta*

二月兰(诸葛菜) *Orychophragmus violaceus*

乌蔹莓 *Cayratia japonica*

鸭跖草 *Commelina communis*

蒲公英 *Taraxacum mongolicum*

丝毛飞廉 *Garduus crispus*

艾蒿 *Artemisia argyi*

刺儿菜 *Cirsium setosum*

第十一章　生态学野外实习常见动植物一览

一年蓬 *Erigeron annuus*

水鳖 *Hydrocharis dubia*

牛筋草 *Eleusine indica*

芦苇 *Phragmites australis*

狗尾草 *Setaria viridis*

野百合 *Lilium brownii*

卷丹 *Lilium lancifolium*

大薸 *Pistia stratiotes*

第十一章 生态学野外实习常见动植物一览

浮萍 *Lemna minor*

 **11.2 生态学野外实习常见动物**

 11.2.1 常见土壤动物

笄涡虫(扁形动物)　　蚯蚓(环节动物)　　蜗牛(软体动物)

195

盗蛛(蛛形纲)

粗直形马陆(多足纲)

山蛩(多足纲)

蜈蚣(多足纲)

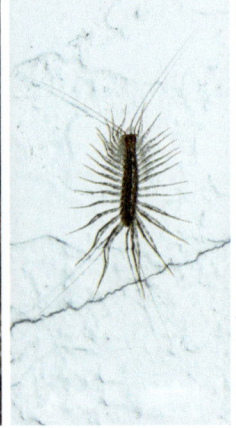
蚰蜒(多足动物)

假蜈蚣(多足动物)

第十一章 生态学野外实习常见动植物一览

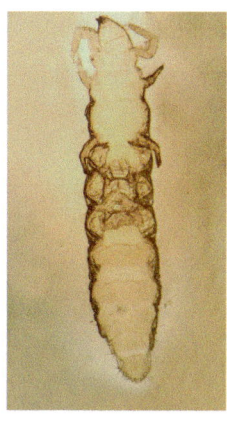
原尾虫(原尾纲)

铗尾动物(双尾纲)

丝尾动物(双尾纲)

紫跳虫(弹尾纲)

疣跳虫(弹尾纲)

长角跳虫(弹尾纲)

圆跳(弹尾纲)　　鼠妇(甲壳纲)　　美洲大蠊(昆虫纲蜚蠊目)

德国小蠊(昆虫纲蜚蠊目)　　土蝽(昆虫纲半翅目)　　步甲(昆虫纲鞘翅目)

粪金龟(昆虫纲鞘翅目)　　蚂蚁(昆虫纲膜翅目)

11.2.2 常见水鸟

小䴙䴘 *Podiceps ruficollis*
（雄成鸟与未成鸟）

普通鸬鹚 *Phalacrocorax carbo*

琵嘴鸭 *Anas clypeata*

绿头鸭 *Anas platyrhynchos*

斑头雁 *Anser indicus*

白骨顶 *Fulica atra*

黑水鸡 *Gallinula chloropus*

大白鹭 *Egretta alba*

第十一章　生态学野外实习常见动植物一览

苍鹭 *Ardea cinerea*

小白鹭 *Enretta garzetta* (左雌右雄)

夜鹭 *Nycticorax nycticorax* (左雌右雄)

池鹭 *Ardeola becchus*

东方白鹳 *Ciconia boyciana*

红脚苦恶鸟 *Amaurornis akool*

扇尾沙锥 *Gallinago gallinago*

矶鹬 *Actitis hypoleucos*

第十一章 生态学野外实习常见动植物一览

白额燕尾 *Enicurus leschenaulti*

金眶鸻 *Charadrius dubius*

灰鹡鸰 *Motacilla cinerea*

黄鹡鸰 *Motacilla flava*

白鹡鸰 *Motacilla alba*

红尾水鸲 *Rhyacornis fuliginosus*

普通翠鸟 *Alcedo atthis*

冠鱼狗 *Ceryle lugubris*

普通燕鸥 *Sterna hirundo*

11.2.3 常见蝴蝶

白弄蝶 *Abraximorpha davidii*

黄襟弄蝶 *Pseudocoladenia dan*

隐纹谷弄蝶 *Pelopidas mathias*

直纹稻弄蝶 *Parrara guttata*

冰清绢蝶 *Parnassius glacialis*

柑橘凤蝶 *Papilio xuthus*

丝带凤蝶 *Sericinus montela*(雌)

丝带凤蝶 *Sercinus montela*(雄)

第十一章 生态学野外实习常见动植物一览

金凤蝶 *Papilio machaon*

碧凤蝶 *Papilio bianor*

麝凤蝶 *Byasa alcinous*

玉带凤蝶 *Papilio polytes*

宽带凤蝶 *Papilio nephelus*

金裳凤蝶 *Troides aeacus*

青凤蝶 Graphium sarpedon

菜粉蝶 Pieris rapae

东方菜粉蝶 Pieris canidia

斑缘豆粉蝶 Colias erate

宽边黄粉蝶 Eurema hecabe

纽灰蝶 Acytolepis puspa

第十一章　生态学野外实习常见动植物一览

素雅灰蝶 *Jamides alecto*

摩来彩灰蝶 *Heliophorus moorei*

大紫琉璃灰蝶 *Celas rina*

波蚬蝶 *Zemeros flegyas*

白带褐蚬蝶 *Abisars fylloidae*

黄钩蛱蝶 *Polygonia caureum*

柳紫闪蛱蝶 *Apaturailia sobrina*

琉璃蛱蝶 *Kaniska canace*

青豹蛱蝶 *Damora sagana*

黑脉蛱蝶 *Hestina assimilia*

第十一章 生态学野外实习常见动植物一览

二尾蛱蝶 *Polyura narcaea*

琉璃蛱蝶 *Kaniska canace*

杨眉线蛱蝶 *Limenitis helmanni*

玉杵带蛱蝶 *Athyma jina*

蛇眼蛱蝶 *Junonia lemonias*

孔雀蛱蝶 *Inachis io*

幻紫斑蛱蝶 *Hypolimnas bolina*

稻眉眼蝶 *Mycalisis gotama*

东亚矍眼蝶 *Ypthima motschulskyi*

混同艳眼蝶 *Callerebia confuse*

白斑眼蝶 *Penthema adelma*

白眼蝶 *Melanargia halimede*

朴喙蝶 *Libythea celtis*

箭环蝶 *Stichophthalma louisa*

苎麻珍蝶 *Acraea issoria*　　　　金斑蝶 *Danaus chrysippus*

绢斑蝶 *Parantica aglea*

11.2.4 常见大型水生无脊椎动物

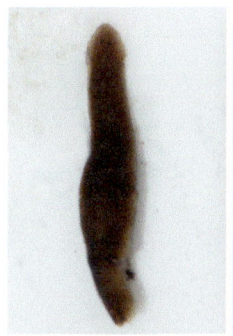
涡虫(扁形动物)

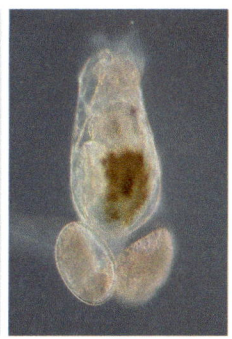
轮虫

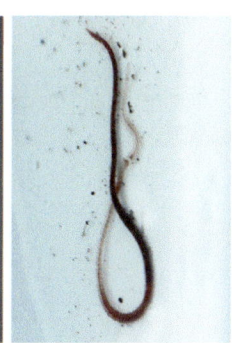
水丝蚓(环节动物)

蚂蟥(环节动物)

圆田螺(软体动物)

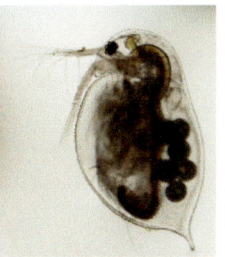
溞(甲壳动物)

水虱(甲壳动物)

钩虾(甲壳动物)

水蚤

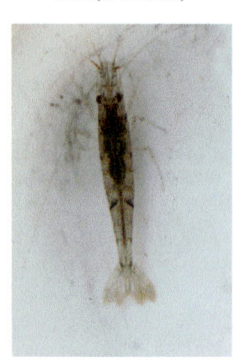
沼虾(甲壳动物)

螯虾(甲壳动物)

溪蟹(甲壳动物)

蜻幼虫
(昆虫纲蜻蜓目)

蜻蜓幼虫
(昆虫纲蜻蜓目)

四节蜉
(昆虫纲蜉蝣目)

| 细蜉 | 二翅蜉 | 扁蜉 |
| (昆虫纲蜉蝣目) | (昆虫纲) | (昆虫纲蜉蝣目) |

| 细裳蜉 | 石蝇 | 尺蝽 |
| (昆虫纲蜉蝣目) | (昆虫纲襀翅目) | (昆虫纲半翅目) |

| 黾蝽 | 宽黾蝽 | 划蝽 |
| (昆虫纲半翅目) | (昆虫纲半翅目) | (昆虫纲半翅目) |

仰泳蝽 (昆虫纲半翅目)	蝎蝽 (昆虫纲半翅目)	蝎蝽 (昆虫半翅目)
桂花蝉 (昆虫纲半翅目)	负子蝽 (昆虫纲半翅目)	盖蝽 (昆虫纲半翅目)
鱼蛉幼虫 (昆虫纲广翅目)	龙虱 (昆虫纲鞘翅目)	溪泥甲 (昆虫纲鞘翅目)

第十一章 生态学野外实习常见动植物一览

扁泥甲幼虫
(昆虫纲鞘翅目)

豉甲幼虫
(昆虫纲鞘翅目)

豉甲
(昆虫纲鞘翅目)

蚊幼虫
(昆虫纲双翅目)

大蚊幼虫
(昆虫纲双翅目)

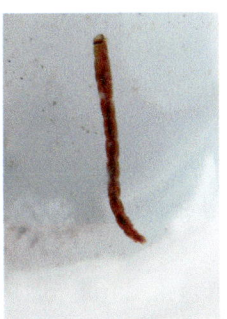
摇蚊幼虫
(昆虫纲双翅目)

蚋(昆虫
纲双翅目)

石蛾幼虫
(昆虫纲毛翅目)

219

主要参考文献

丁炳扬，傅承新，杨淑贞. 2009. 天目山植物学实习手册. 第2版. 杭州：浙江大学出版社，213

付必谦. 2006. 生态学实验原理与方法. 北京：科学出版社，327

江苏省植物研究所. 1977. 江苏植物志. 南京：江苏人民出版社，502

娄安如，牛翠娟. 2014. 基础生态学实验指导. 北京：高等教育出版社，115

孙振钧. 2010. 生态学实验与野外实习指导. 北京：化学工业出版社，238

王幼芳，李宏庆，朱瑞良. 2012. 天目山野外实习常见植物图集. 上海：华东师范大学出版社，313

邢福. 2013. 长白山生态学实习指导. 北京：高等教育出版社，231

杨持. 2003. 生态学实验与实习，北京：高等教育出版社，192

尹文英. 1998. 中国土壤动物检索图鉴. 北京：科学出版社，756

虞国跃. 2008. 中国蝴蝶观赏手册. 北京：化学工业出版社，393

约翰·马敬能，卡伦·菲利普斯，何芬奇，等. 2000. 中国鸟类野外手册. 长沙：湖南教育出版社，571

章家恩. 2012. 生态学野外综合实习指导. 北京：中国环境科学出版社，186

郑乐怡，归鸿. 1999. 昆虫分类. 南京：南京师范大学出版社，

1070

周长发. 2010. 生态学精要. 北京：高等教育出版社，360

周长发. 2009. 生物进化与分类原理. 北京：科学出版社，302

周长发. 赵强. 高伟. 戴建华. 孙红英. 2010. 野外常见动物图鉴——山地动物学野外实习指导图册. 北京：高等教育出版社，269

周尧. 1994. 中国蝶类志（修订本）. 郑州：河南科学技术出版社，852

Morse J，杨莲芳，田立新. 1994. Aquatic insects of China useful for monitoring water quality. 南京：河海大学出版社，570

Wratten S D, Fry L A G. 1986. 生态学野外及实验室实验手册.吴千红译.北京：科学出版社，262